令和元年　特許法等の一部改正

産業財産権法の解説

特許庁総務部総務課
制度審議室編

発明推進協会

は し が き

　世界は、AIやIoTといった新しい技術の登場により、第四次産業革命の真っただ中にあります。デジタル革命によって業種の垣根が崩れ、オープンイノベーションが進む中、新たな技術やビジネスモデルを持つ新しいプレーヤーが市場の景色を一変させつつあります。このような状況の中では、これまでのように取引先の輸出企業に頼るだけでは、中小企業が生き残ることは難しくなってきています。特に、技術革新を牽引するスタートアップ企業の中には、設立当初から独自技術をもとに世界市場を狙う企業も現れてきています。こうした変革の時代を生き抜くためには、自らが開発した技術をしっかり守り、それを活かして収益を上げ、スピード感をもって更なる技術開発を行う必要があります。第四次産業革命の到来は、優れた技術を持つ企業がその技術を活かし、イノベーションの担い手として飛躍できるチャンスでもあります。

　知的財産権制度は、イノベーションを支える基盤であり、権利の取得と行使の両面において後押しするものでなければなりません。政府は、中小・ベンチャー企業の優れた技術を守るために訴訟制度を充実させるとともに、デジタル技術を活用したデザイン等の保護やブランド構築を図るための意匠制度の大幅な拡充を内容とする重要な法律改正を行いました。この「特許法等の一部を改正する法律案」は、平成31年３月１日に第198回通常国会に提出され、国会での審議を経て令和元年５月10日に成立し、同年５月17日に令和元年法律第３号として公布されています。

　本書は、産業構造審議会知的財産分科会特許制度小委員会・意匠制度小委員会・商標制度小委員会における審議、立案過程における議論等を踏まえ、改正の趣旨、内容、ポイントを平易に解説したものです。

　本改正作業に際しては、産業構造審議会知的財産分科会特許制度小委員

会の委員長である玉井克哉 東京大学先端科学技術研究センター教授・信州大学経法学部教授、同分科会意匠制度小委員会・商標制度小委員会の委員長である田村善之 北海道大学大学院法学研究科 教授（当時）を始めとする各委員及び特許庁内外の多数の方々から、多大な御指導、御助言を頂きました。この場をお借りして厚く御礼申し上げる次第です。

　本書が、新制度について多くの方々に理解され、その運用がより円滑になされることの一助になれば幸いです。

令和2年3月

特許庁 制度審議室長

川　上　　敏　寛

凡　　例

知的財産高等裁判所判決…知財高判
東京高等裁判所決定…東京高決

特許法条約（Patent Law Treaty）…PLT
意匠法条約（Design Law Treaty）…DLT
特許法等の一部を改正する法律（令和元年法律第3号）…改正法
標章の国際登録に関するマドリッド協定の千九百八十九年六月二十七日に
　マドリッドで採択された議定書…議定書
意匠の国際登録に関するハーグ協定のジュネーブ改正協定…ジュネーブ改
　正協定
千九百年十二月十四日にブラッセルで、千九百十一年六月二日にワシント
　ンで、千九百二十五年十一月六日にヘーグで、千九百三十四年六月二日
　にロンドンで、千九百五十八年十月三十一日にリスボンで及び
　千九百六十七年七月十四日にストックホルムで改正された工業所有権の
　保護に関する千八百八十三年三月二十日のパリ条約…パリ条約
民事訴訟法…民訴法
民事訴訟規則…民訴規則

目　　次

制度改正担当者

序　章

1．制度改正の趣旨

(1)　特許訴訟制度の充実

　特許権侵害は、他の財産権侵害と比較して、以下の特殊性がある。第一に、侵害が容易である。特許権は公開されており、その侵害は、物理的に対象を盗む必要がなく、場所的・時間的制約がない。このため、その発見や防止は困難である。第二に、立証が困難である。侵害の証拠を持っているのは侵害者側であるため、特に、製造方法、BtoB など市場で手に入らない製品、ソフトウェアなどの特許権侵害において、権利者側がその証拠を入手することは難しい。第三に、侵害を抑止しにくい。特許法には刑事罰が規定されているが、侵害の有無の判断が技術的で難しいため、刑事罰が実質的に機能していない。

　こうした特許権の特殊性に鑑み、特許法には、民事訴訟法上の証拠調べや民法の損害賠償額算定方法の特例が措置されている。例えば、平成30年改正においても、裁判所が書類提出の必要性を判断するためのインカメラ手続の導入等を行っている。しかし、中小・ベンチャー企業からは、依然として「証拠収集が困難である」、「勝訴しても十分な損害賠償が得られない」といった声が寄せられている。また、近年、イノベーションの促進を図る観点から、中国や韓国が懲罰的賠償制度の導入や侵害者への立証責任の転換を行うなど、世界各国が知財関連の訴訟制度を急速に強化している。これらの状況に鑑みれば、我が国においても知財訴訟制度の充実、特に証拠収集手続の強化や、損害賠償額算定方法の見直しが必要な状況となっている。

⑵ 意匠制度の拡充、商標制度の見直し

　意匠制度が保護するデザインとは、企業が顧客のニーズを利用者視点で見極めて新しい価値を創造するという、イノベーション創出のための極めて重要な手段である。また、競争が激化する世界市場において優位に立つためには、多額の投資を行って技術力を高めることばかりに注力するのでなく、製品やサービスのブランドを構築して自社の「稼ぐ力」を高めることが非常に重要となっている。

　特許庁・経済産業省では、平成29年７月に「産業競争力とデザインを考える研究会」を立ち上げ、平成30年５月に報告書「デザイン経営宣言」を取りまとめた。同報告書では、デザインの生み出す付加価値に注目し、これをイノベーションやブランド構築の源泉として活用できるよう、政府が意匠制度を拡充し、我が国企業のデザイン戦略を後押しすることが必要であると提言されている。

　このような状況を踏まえ、政府は、平成30年６月に「知的財産推進計画2018」を策定するとともに、「未来投資戦略2018－「Society5.0」「データ駆動型社会」への変革－」を閣議決定し、新技術を活用したイノベーションの促進及びブランド形成に資するデザインの保護等の観点から、意匠制度の在り方について検討していくこととされた。

　また、近年、特に地方公共団体や大学等の公益団体から自らの商標の活用に関するとのニーズが寄せられていること等から、商標制度を巡る新たな環境変化に対応することが求められていた。

２．法改正の経緯

　上記措置を法制化すべく、産業財産権制度に関する課題について、産業構造審議会知的財産分科会の下に設置された特許制度小委員会、意匠制度小委員会及び商標制度小委員会において検討が行われた。特許制度小委員会では平成31年２月に報告書「実効的な権利保護に向けた知財紛争処理シ

ステムの在り方」、意匠制度小委員会では同月に報告書「産業競争力の強化に資する意匠制度の見直しについて」が取りまとめられた。

　「特許法等の一部を改正する法律案」は、平成31年３月１日に閣議決定した後、同日に第198回通常国会に提出された。同法案は、４月10日の衆議院経済産業委員会における提案理由説明、４月12日の質疑及び採決を経て、４月16日の衆議院本会議において可決、また、４月25日の参議院経済産業委員会における提案理由説明、５月９日の質疑及び採決を経て、５月10日の参議院本会議において可決・成立し、５月17日に「令和元年法律第３号」として公布された。

【特許法等の一部を改正する法律の成立・施行まで】
＜産業構造審議会知的財産分科会特許制度小委員会＞
第25回小委員会　平成30年10月15日（月）
　①　知財紛争処理システムの現状について
　②　知財紛争処理システムの見直しの検討課題に対する提案募集について
第26回小委員会　平成30年11月21日（水）
　①　岩倉正和弁護士からのプレゼンテーション
　②　一般社団法人日本経済団体連合会からのプレゼンテーション
　③　日本商工会議所からのプレゼンテーション
　④　知財紛争処理システムの見直しの検討課題に対する提案募集結果について
第27回小委員会　平成30年12月11日（火）
　知財紛争処理システムの見直しの方向性について
第28回小委員会　平成30年12月25日（火）
　①　証拠収集手続の強化に関する論点について
　②　損害賠償額算定に関する論点について
第29回小委員会　平成31年１月10日（木）

① 証拠収集手続の強化について

② 損害賠償額算定の見直しについて

第30回小委員会　平成31年1月25日（金）

① 特許法第102条第3項の考慮要素の明確化について

② 知財紛争処理システムの見直しに向けた報告書案提示

第31回小委員会　平成31年2月15日（金）

報告書取りまとめ

＜産業構造審議会知的財産分科会意匠制度小委員会＞

第6回小委員会　平成30年8月6日（月）

① 意匠制度の見直しの検討課題について

② 意匠制度の見直しの検討課題に対する提案募集について

第7回小委員会　平成30年9月18日（火）

① 株式会社イトーキからのプレゼンテーション

② マツダ株式会社からのプレゼンテーション

第8回小委員会　平成30年9月21日（金）

① ソニー株式会社からのプレゼンテーション

② 富士通株式会社からのプレゼンテーション

③ カルチュア・コンビニエンス・クラブ株式会社からのプレゼンテーション

第9回小委員会　平成30年11月5日（月）

① 意匠制度の見直しの方向性について

② 意匠審査基準ワーキンググループにおける検討結果について（報告）

第10回小委員会　平成30年12月14日（金）

意匠制度の見直しに向けた報告書案提示

＜産業構造審議会知的財産分科会商標制度小委員会＞

第４回小委員会　平成30年12月27日（木）

① 公益団体等を表示する著名商標の通常使用権に係る許諾制限の見直しについて

② 国際商標登録出願に係る手続補正書の提出期間の見直しについて

③ 店舗の外観等の保護について

＜報告書のとりまとめから公布まで＞

平成31年

２月15日　産業構造審議会知的財産分科会特許制度小委員会報告書「実効的な権利保護に向けた知財紛争処理システムの在り方」とりまとめ

２月28日　産業構造審議会知的財産分科会意匠制度小委員会報告書「産業競争力の強化に資する意匠制度の見直しについて」とりまとめ

３月１日　「特許法等の一部を改正する法律案」閣議決定

３月１日　同法案第198回通常国会　提出

４月10日　衆議院経済産業委員会　提案理由説明

４月12日　衆議院経済産業委員会　質疑・採決

４月16日　衆議院本会議　可決

４月25日　参議院経済産業委員会　提案理由説明

５月９日　参議院経済産業委員会　質疑・採決

５月10日　参議院本会議　可決・成立

５月17日　公布（令和元年法律第３号）

５月27日　施行（商標法の通常使用権の許諾制限の撤廃）

公布の日から起算して１年以内　施行（主施行日、令和元年政令第145号により、令和２年４月１日に決定）

公布の日から起算して1年6月以内　施行（査証制度の創設）

公布の日から起算して2年以内　施行（意匠登録出願手続の簡素化、
　意匠の手続救済措置の整備）

第一部　特許法の改正項目

第1章　損害賠償額算定の見直し

1．改正の必要性

(1)　従来の制度
①　特許権の二つの性質

　特許権の対象である「発明」が、「自然法則を利用した技術的思想の創作のうち高度のもの」（特許法（昭和34年法律第121号）第2条第1項）と定義されていることからも明らかなように、特許権とは無体の財産、情報であり、その侵害について占有侵奪を伴わない。よって、特許権は、多数の者によって時や場所を問わず侵害されるおそれがあることから、侵害が誘惑的かつ容易である一方、その発見や防止は容易ではないという性質がある。

　また、特許権侵害による損害は、特許権の毀損そのものではなく、市場を媒介して顕在化した「得べかりし利益」（逸失利益）が中心となることから、侵害行為と損害との因果関係の特定が容易ではないとの性質もある。

②　特許権侵害による損害と民法第709条

　特許権侵害による損害については、不法行為による損害として民法（明治29年法律第89号）第709条の規定に基づく賠償の請求が可能である。この場合、侵害者の故意又は過失、侵害行為と損害との因果関係、損害額の挙証責任を原告が負担することが原則となる。

　しかし、上述の特許権の性質から、特許権侵害は、侵害が容易であるにもかかわらず侵害行為と損害との因果関係が明らかでない場合が多く、逸失利益の賠償を受けることが容易ではない。これに対応すべく、特許法第102条各項において、民法第709条の特例規定が置かれている。

③ 特許法による民法第709条の特例

（i）特許法第102条第1項の特例（逸失利益額の推定）

　過去の裁判例において、特許権侵害による損害が民法第709条に基づき算定された場合、特許製品と侵害製品との間に顕著な代替関係が強く認められたときにだけ、因果関係ありとして逸失利益の全額が認められる傾向にあり、因果関係の割合が不明である場合には逸失利益がゼロと算定されていた。これでは、特許権者の損害が十分に塡補されないことから、「オール・オア・ナッシング」の問題として、多くの特許権者、実務家、有識者から批判を受けていた。

　上記「オール・オア・ナッシング」の問題を解決すべく、平成10年改正で特許法第102条第1項が新設された。同項は、特許権の侵害製品の販売数量に、権利者が侵害行為がなければ販売できた物の単位数量当たりの利益額を乗じた額について、「特許権者又は専用実施権者の実施の能力に応じた額を超えない限度において」逸失利益として損害の額とすることができる旨を定めている（同項本文）。

　ただし、権利者の「販売することができないとする事情」（例えば、侵害者の営業努力や市場における代替品の存在等）を侵害者が主張・立証すれば、損害額を覆滅する旨も規定している（同項ただし書）。

　本規定は、「特許権はその技術を独占的に実施する権利であり、その技術を使った製品は特許権者しか販売できない」という仮説に立脚している。この仮説によれば、権利者の実施能力の限度において、「侵害者の譲渡数量＝権利者の喪失した販売数量」であると擬制することができるため、この侵害者の譲渡数量に権利者の単位数量当たりの利益額を乗じた額を、権利者の実施能力に応じた額の限度において損害額であるとすることができる。しかしながら、侵害者の営業努力や市場における代替品の存在等、「侵害者の譲渡数量＝権利者の喪失した販売数量」とすることができない事情が存在する場合には、侵害者がその旨を立証することにより、その事情に応じた額を損害額から覆滅することとなっている。

(ⅱ)　特許法第102条第2項の特例（侵害者利益）

　特許法第102条第2項は、侵害者の利益の額（侵害者利益）を直ちに権利者の損害の額と推定する旨を規定している。特許権侵害の場合、権利者にとっては、自己が受けた損害額を立証するよりも、侵害者の利益額を立証する方が幾分容易であることが多い。本規定は、このような事情に基づき、権利者が侵害者の利益額を証明した場合にこれを損害とすることで因果関係の証明を不要とし、権利者の救済を図ったものである。

ⅲ　特許法第102条第3項の特例（実施料相当額）

　特許法第102条第3項は、権利者が侵害により被った損害の立証が困難であることを考慮して、権利者が侵害者に対して、実施料相当額を損害賠償額として請求できる旨を規定している。本項は、昭和34年の現行法制定当時、工業所有権が無体財産権であるがゆえに相当因果関係について判断が困難な場合が多いため、「実施料相当額を侵害によって特許権者が蒙った損害額の一部とみなし、少なくともこれだけは請求できることとした」（工業所有権制度改正審議会答申（昭和31年12月21日））ものであり、この最低補償としての性格は現行の同条第4項にも、現行の第3項に規定する金額を超える損害の賠償の請求を妨げない旨、明記されている。

　平成10年改正前の同条第3項は、「特許発明の実施に対し通常受けるべき金銭の額に相当する額の金銭」について、賠償請求することができる旨を規定していた。本規定に基づいて侵害訴訟で認定される実施料相当額については、権利者が既に他者に設定している実施料率、業界相場、国有特許の実施料率等に基づき認容された例が多く、特許発明の価値、当事者の業務上の関係、侵害者の得た利益等の訴訟当事者間において生じている諸般の事情が考慮されず、「侵害し得」となってしまうとの問題点が指摘されていた。これを受けて、平成10年改正により、「通常」の文言が削除され、訴訟当事者間の具体的事情を考慮した妥当な実施料相当額が認定できることとなった。

⑵　改正の必要性

①　ライセンス機会の喪失による逸失利益の認定（特許法第102条第1項）

　　特許法第102条第1項の新設後、侵害者の譲渡数量のうち、権利者の「実施の能力」を超える数量又は「販売することができない」数量とされ、同項本文の推定が覆滅された部分について、同条第3項が規定する実施料相当額分の賠償が認められるか否かという点が論点となった。旧来、これを肯定することが裁判例の趨勢であったが、椅子式マッサージ機事件（知財高判平成18年9月25日）判決以降、裁判例においては、覆滅部分に関する同項による賠償を否定する趨勢が強くなったといわれる。他方、学説の多数はこれに反対しており、権利者に十分な損害の賠償を可能とするとともに、侵害を抑止する観点、そして訴訟当事者の予見可能性を向上させる観点から、立法的な解決が必要な状況となっていた。

　　現行の同条第1項は、主に販売数量減少に伴う逸失利益のみを規定しており、これ以外の逸失利益については特段の規定を措置していない。しかし、知的財産の、権利者が自ら実施すると同時に、権利をライセンスして利益を得ることができる場合もあるという性質に鑑みれば、「販売数量の減少による逸失利益」のみならず、「ライセンス機会の喪失による逸失利益」も含めて、損害賠償額算定の特例を定めることが損失の塡補という観点からは望ましい。したがって、同項において、販売数量の減少による逸失利益に加えて、ライセンス機会の喪失による逸失利益を権利者が受けた損害の額とすることができるよう措置を講じることが必要である。

②　実施料相当額の考慮要素の明確化（特許法第102条新第4項）

　　前述のとおり平成10年改正により特許法第102条第3項について「通常」の文言が削除されたが、実際の裁判例において、同改正によって訴訟当事者間の具体的事情が十分に斟酌された実施料相当額が認定されるようになったか否か、判然としない状況にあった。

　　他方、平成10年改正以降の裁判例により、実施料相当額の算定における

具体的な考慮要素として、過去の実施許諾例、業界相場、特許発明の内容、特許発明の貢献度、侵害品の販売価格・販売数量・販売期間、市場における当事者の地位等、様々な考慮要素が示されていた。令和元年改正の検討過程では、特に類型的に増額に働き得ると考えられる考慮要素として、下記三点について留意すべきと審議会（産業構造審議会知的財産分科会特許制度小委員会）において指摘された。第1は、損害賠償額算定の段階では、有効な特許が侵害されたことが認定されていることである。一般に、権利者の過去の契約例や一般的な市場相場による実施料率は、権利者と実施者との間で有効な特許であるか否か、又は、特許権の保護範囲内か否かが、裁判所で確定していない状況で決定される実施料率（事前（ex-ante）に算定された実施料率）である。他方、特許権侵害訴訟において有効な特許が侵害されたことや特許権の保護範囲内であることが判明した場合には、これらの事情を勘案して当該実施料率よりも高めに算定された実施料率（事後的（ex-post）に算定された実施料率）が相当実施料率として認められるべきである。

　第2は、権利者による実施許諾の判断機会の喪失である。特許権侵害が認められる場合、侵害者は権利者の許諾なく特許権を実施しており、権利者にとっては実施許諾するかどうかの判断機会が失われていることになるが、こうした事情についても、実施料相当額の増額要因として考慮されるべきである。

　第3は、侵害者は契約上の制約を負っていないことである。通常、ライセンス契約を締結するに当たっては、最低保証料の支払い、契約解除事由の制限、特許無効の場合の返還請求の制限、支払期限の存在等、様々な制約を受けることがあり得るが、侵害者はこうした制約なく実施をしている。この事実についても、実施料相当額の増額要因として考慮されるべきである。

　現行の同項においては、上記留意事項について必ずしも条文上表れていない。したがって、特許権侵害における適切な損害賠償額算定を実現する

ためには、上記事項についても考慮することができる旨を明記することが
必要である。

2. 改正の概要

⑴ ライセンス機会の喪失による逸失利益の認定（特許法第102条新第1項）

　特許法第102条第1項を改正し、販売数量の減少による逸失利益（権利者の単位数量当たりの利益額に、侵害者の譲渡数量のうち実施相応数量（権利者の実施の能力に応じた数量）を超えない部分から特定数量（権利者が販売することができないとする事情に相当する数量）を控除した数量を乗じた額、同項新第1号）と、ライセンス機会の喪失による逸失利益（譲渡数量のうち実施相応数量を超える数量又は特定数量がある場合において、特許権者又は専用実施権者が、当該特許権者の特許権についての専用実施権の設定若しくは通常実施権の許諾又は当該専用実施権者の専用実施権についての通常実施権の許諾をし得たと認められない場合を除き、これらの数量に応じた実施料相当額、同項新第2号）の合計額を、権利者が受けた損害の額とすることができる旨を規定した。

⑵ 実施料相当額の考慮要素の明確化（特許法第102条新第4項）

　実施料相当額の算定において、特許権侵害の事実、権利者の許諾機会の喪失、侵害者が契約上の制約なく特許権を実施したことといった事情を考慮することができることを明記するため、これらの考慮要素を包括的に規定する形で、特許法第102条新第4項に、「侵害があつたことを前提として当該特許権…を侵害した者との間で合意をするとしたならば、当該特許権者…が得ることとなるその対価を考慮することができる」との規定を措置する。

14

3．改正条文の解説

◆特許法第102条

（損害の額の推定等）

第百二条　特許権者又は専用実施権者が故意又は過失により自己の特許権又は専用実施権を侵害した者に対しその侵害により自己が受けた損害の賠償を請求する場合において、その者がその侵害の行為を組成した物を譲渡したときは、<u>次の各号に掲げる額の合計額を</u>、特許権者又は専用実施権者が受けた損害の額とすることができる。

<u>一</u>　<u>特許権者又は専用実施権者がその侵害の行為がなければ販売することができた物の単位数量当たりの利益の額に、自己の特許権又は専用実施権を侵害した者が譲渡した物の数量（次号において「譲渡数量」という。）のうち当該特許権者又は専用実施権者の実施の能力に応じた数量（同号において「実施相応数量」という。）を超えない部分（その全部又は一部に相当する数量を当該特許権者又は専用実施権者が販売することができないとする事情があるときは、当該事情に相当する数量（同号において「特定数量」という。）を控除した数量）を乗じて得た額</u>

<u>二</u>　<u>譲渡数量のうち実施相応数量を超える数量又は特定数量がある場合（特許権者又は専用実施権者が、当該特許権者の特許権についての専用実施権の設定若しくは通常実施権の許諾又は当該専用実施権者の専用実施権についての通常実施権の許諾をし得たと認められない場合を除く。）におけるこれらの数量に応じた当該特許権又は専用実施権に係る特許発明の実施に対し受けるべき金銭の額に相当する額</u>

2・3　　（略）

4　裁判所は、第一項第二号及び前項に規定する特許発明の実施に対し受けるべき金銭の額に相当する額を認定するに当たつては、特許権者又は専用実施権者が、自己の特許権又は専用実施権に係る特許発明の実施の対価について、当該特許権又は専用実施権の侵害があつたことを前提として当該特許権又は専用実施権を侵害した者との間で合意をするとしたならば、当該特許権者又は専用実施権者が得ることとなるその対価を考慮することができる。

5　第三項の規定は、同項に規定する金額を超える損害の賠償の請求を妨げない。この場合において、特許権又は専用実施権を侵害した者に故意又は重大な過失がなかつたときは、裁判所は、損害の賠償の額を定めるについて、これを参酌することができる。

(1)　**新第1項の規定について**

①　**全体構造について**

新第1項柱書に、「特許権者又は専用実施権者が故意又は過失により自己の特許権又は専用実施権を侵害した者に対しその侵害により自己が受けた損害の賠償を請求する場合において、その者がその侵害の行為を組成した物を譲渡したときは、次の各号に掲げる額の合計額を、特許権者又は専用実施権者が受けた損害の額とすることができる。」と規定した。

その上で、新第1号に、「特許権者又は専用実施権者がその侵害の行為がなければ販売することができた物の単位数量当たりの利益の額に、自己の特許権又は専用実施権を侵害した者が譲渡した物の数量（次号において「譲渡数量」という。）のうち当該特許権者又は専用実施権者の実施の能力に応じた数量（同号において「実施相応数量」という。）を超えない部分（その全部又は一部に相当する数量を当該特許権者又は専用実施権者が販売することができないとする事情があるときは、当該事情に相当する数量（同号において「特定数量」という。）を控除した数量）を乗じて得た額」（＝販売数量の減少による逸失利益）と、新第2号に、「譲渡数量のうち実施

相応数量を超える数量又は特定数量がある場合（特許権者又は専用実施権者が、当該特許権者の特許権についての専用実施権の設定若しくは通常実施権の許諾又は当該専用実施権者の専用実施権についての通常実施権の許諾をし得たと認められない場合を除く。）におけるこれらの数量に応じた当該特許権又は専用実施権に係る特許発明の実施に対し受けるべき金銭の額に相当する額」（＝ライセンス機会の喪失による逸失利益）と規定した。

②　新第1号について

　新第1号は、侵害者の侵害行為により、権利者の販売数量が減少したことに伴う逸失利益を規定したものである。すなわち、権利者の製品単位数量当たりの利益の額に、侵害者の譲渡数量であって権利者の実施の能力に応じた数量（実施相応数量）を超えない部分から、権利者が販売することができないとする事情に相当する数量（特定数量）を控除した数量を乗じて得た額を、販売数量の減少に伴う逸失利益額として算出するものである。

③　新第2号について

　新第2号は、侵害者の侵害行為により、権利者がライセンスの機会を喪失したことに伴う逸失利益を規定したものである。すなわち、新第1号で販売数量減少に伴う逸失利益の基準となる数量から除外された、実施相応数量を超える数量又は特定数量があるときにおいて、これがライセンスの機会を喪失したといえない場合（例えば、特許発明が侵害製品の付加価値全体の一部にのみ貢献している場合※等）を除いては、ライセンスの機会を喪失したことによる逸失利益が発生している。このように、権利者自らが実施すると同時にライセンスを行ったと擬制し得る場合に限って、実施料相当額をライセンス機会喪失に伴う逸失利益として、請求できることを規定する。なお、この場合における相当実施料率については、特許権侵害の事実を考慮した料率とすべきであることから、第3項と同様、後述の新第4項の考慮要素を加味したものとすることが適切である。

※特許発明が侵害製品の付加価値全体の一部にのみ貢献している場合、多くの裁判例では「譲渡数量の全部又は一部に相当する数量を特許権者又は専用実施権者が販売することができないとする事情」があるとして、譲渡数量から覆滅すべき割合に応じた数量を控除した上で賠償額の算定が行われている（例えば、特許発明が侵害製品に貢献している割合が10％の場合、譲渡数量から90％を覆滅するなど）。このような場合に当該覆滅部分を「特定数量」として実施料相当額による賠償を追加で認定することは、特許発明が貢献していない部分について損害の塡補を認めることとなり、適切でない。こうした理由から、新第2号において「特許権者又は専用実施権者が、当該特許権者の特許権についての専用実施権の設定若しくは通常実施権の許諾又は当該専用実施権者の専用実施権についての通常実施権の許諾をし得たと認められない場合を除く。」と規定し、権利者が自己の権利についての通常使用権の許諾等をし得たと認められない場合には、実施相応数量を超える数量又は特定数量について実施料相当額による賠償を認定することはできない旨を定めている。

④　具体的事例
(ⅰ)　「実施相応数量を超える数量」が存在する場合
「実施相応数量を超える数量」については、権利者の製造能力不足から実施相応数量にカウントされない数量であるが、これについては、通常、侵害者に対してライセンスし得たと観念することが可能である（製造能力に限界がある場合、権利者が他社にライセンスしてライセンス収入を得ようと考えることは自然である）。当該事案の事実関係に照らし、侵害者に対してライセンスし得たと認められる場合には、実施料相当額分のライセンス機会喪失に伴う逸失利益を認めることができると解される。

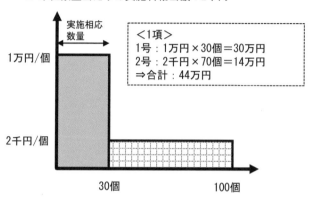

ケース1：実施相応数量を超える数量に係る損害賠償（格子柄部分）
- 侵害者の販売数量：100個
- 実施相応数量：30個（特許権者の生産能力）
- 権利者の単位数量当たりの利益：1万円
- 単位数量当たりの実施料相当額：2千円

<1項>
1号：1万円×30個＝30万円
2号：2千円×70個＝14万円
⇒合計：44万円

(ⅱ)　「特定数量」が存在する場合

(a)　侵害者の営業努力による場合

　侵害者の営業努力があるとして「特定数量」にカウントされる場合については、通常、たとえ侵害者の営業努力があったとしても、権利者の有する特許権がなければ製品を販売することができなかったと考えられる。そうすると、このような場合には、当該「特定数量」については、侵害者にライセンスしたと擬制して実施料相当額分のライセンス機会喪失に伴う逸失利益を認めることができると解される。

ケース2：特定数量に係る損害賠償（格子柄部分）～侵害者の営業努力

- 侵害者の販売数量：100個
- 特定数量：90個（侵害者の営業努力：特許権者の販売能力では10個しか販売できなかったであろうところ、侵害者の営業努力によって、100個販売できた）
- 権利者の単位数量当たりの利益：1万円
- 単位数量当たりの実施料相当額：2千円

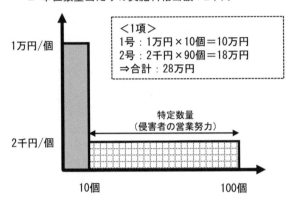

(b) 競合品が存在する場合

　侵害者がいなければ、権利者とその競合他社で侵害者の利益を分け合っていたと考えられる場合には、侵害者の譲渡数量の一部に相当する数量を権利者が販売することができないとする事情があると考えられることから、当該事情に相当する数量については「特定数量」としてカウントされることとなる。この場合においても、当該「特定数量」部分について、実施料相当額分のライセンス機会喪失に伴う逸失利益を認めるか否かは、当該事案の事実関係に照らし、侵害者に対してライセンスをし得たと認められるかにより、判断されることになると考えられる。

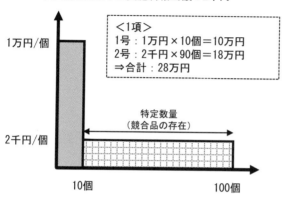

ケース3：特定数量に係る損害賠償（格子柄部分）〜競合品の存在
- ■ 侵害者の販売数量：100個
- ■ 特定数量：90個（競合品の存在：シェア（侵害者を除く）⇒ 特許権者：10%、競合他社：90%）
- ■ 権利者の単位数量当たりの利益：1万円
- ■ 単位数量当たりの実施料相当額：2千円

<1項>
1号：1万円×10個＝10万円
2号：2千円×90個＝18万円
⇒合計：28万円

特定数量
（競合品の存在）

1万円/個

2千円/個

10個　　　　　　　　　　　　100個

(ⅲ)　特許発明が侵害製品の付加価値全体の一部にのみ貢献している場合

　セットメーカーが部品の特許権を侵害するようなケースのように、特許発明が侵害製品の付加価値全体の一部にのみ貢献している場合おいて、裁判実務では「譲渡数量の全部又は一部に相当する数量を特許権者又は専用実施権者が販売することができない事情がある」として、推定を覆滅して適切な損害額を算定する実務が行われている。その際、推定覆滅部分についてライセンス実施料相当額による損害賠償を認めると特許発明が貢献していない部分について損害の塡補を認めることとなり適切でない。そこで、特許発明が侵害製品の付加価値全体の一部にのみ貢献している場合には、「販売することができないとする事情に相当する数量」があるとはいえ、当該特許発明が貢献していない分については、実施料相当額分のライセンス機会喪失に伴う逸失利益を認めず、すなわち、ライセンスの機会を喪失したといえない場合に該当するとし、新第2号による損害の認定を認めないこととなると解される。

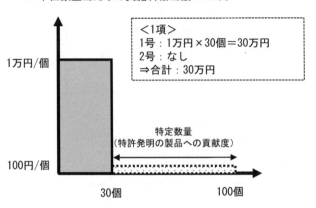

ケース４：貢献度否定分に係る損害賠償（点線囲い部分）
- 侵害者の販売数量：100個
- 特定数量：70個（特許発明の製品への貢献度：30％）
- 権利者の単位数量当たりの利益：1万円
- 単位数量当たりの実施料相当額：100円

<1項>
1号：1万円×30個＝30万円
2号：なし
⇒合計：30万円

特定数量
（特許発明の製品への貢献度）

1万円/個

100円/個

30個　　　　　　　100個

(iv)　複数の事情が存在する場合

　現実の特許権侵害においては、(ⅰ)～(ⅲ)に挙げる事情などの複数の事情が存在する場合がほとんどであり、個々の事情を考慮して逸失利益を算定することとなる。例えば、実施相応数量を超える数量が存在するとともに、特許発明が侵害製品の付加価値全体の一部にのみ貢献しているケースがある。このケースにおいて、実施相応数量に覆滅すべき割合を乗じた数量が、新第１号の販売数量減少に伴う逸失利益の対象数量となり、実施相応数量を超える数量については、新第２号のライセンス機会喪失に伴う逸失利益の対象数量となると解される。一方で、付加価値全体への貢献が否定されたことにより「特定数量」としてカウントされた数量については、ライセンスの許諾を擬制することができないため、新第２号の適用対象となる逸失利益の数量とはならないと整理することができると解される。

ケース5：実施相応数量を超える数量及び貢献度否定分に係る損害賠償（格子柄及び点線囲い部分）
- 販売数量：100個
- 実施相応数量：60個（特許権者の生産能力）
- 特許発明の製品への貢献度：70%
  ・実施相応数量を超える部分⇒　40個
  ・貢献度が否定されたことによる特定数量⇒　60個×（1-0.7）＝18個
- 単位数量当たりの利益：1万円
- 単位数量当たりの実施料相当額：100円

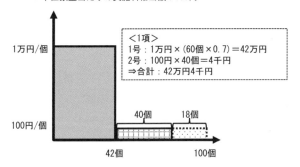

<1項>
1号：1万円×（60個×0.7）＝42万円
2号：100円×40個＝4千円
⇒合計：42万円4千円

⑤　「実施の能力」と「販売することができないとする事情」

　現行の第1項は、権利者の逸失利益の発生に伴う損害の算定を容易にするものであるが、権利者が実施できない限り、逸失利益は発生し得ない。よって、権利者に、(i)侵害者の譲渡数量、(ii)権利者の単位数量当たりの利益額に加えて、(iii)実施の能力の3点を立証させることで、逸失利益が発生したことに関する最低限の事項を証明させ、その後に侵害者に「販売することができないとする事情」を証明させることで損害額の推定を覆滅させるという構成を採っている。同項の立法時も、逸失利益算定の特例である以上、権利者による特許発明の実施（少なくとも実施可能性）が前提条件であり、これを証明して初めて特例による算定が可能であると整理されている。

　同項の法的性質、立法時の整理等に鑑みれば、同項が逸失利益の算定方法を規定したものである以上、「実施の能力」は権利者が証明すべき要件事実であり、これを「販売することができないとする事情」として侵害者に証明責任を求めることは妥当ではないと考えられる。

　つまり、同項は、まずは権利者が自己の事情である「実施の能力」を証

明して逸失利益の最大額を立証した後、侵害者が権利者の実施能力以外の「販売することができないとする事情」を証明してこれを覆滅する構造となっている。

新第1項においても、権利者側の事情である「実施の能力」は権利者が証明して逸失利益の最大額を示し、侵害者がその他の「販売することができない」覆滅事由を示すことで適切な逸失利益の額を算定するという骨格は保持し、「その（＝譲渡数量のうち実施相応数量を超えない部分の）全部又は一部に相当する数量を…販売することができないとする事情があるとき…」と規定したことから、実施の能力を超えた数量がある場合には、その数量が譲渡数量から既に控除されている数量（実施相応数量）を一つの基準とした上で、その数量から更に「販売することができないとする事情」に相当する数量（＝特定数量）を控除するという規定構造としている。

⑥ 第1項（逸失利益）と第3項（最低賠償額）との関係

第1項が規定する権利者の自社製品の利益率（権利者が侵害行為がなければ販売することができた物の利益率）は、通常、相当実施料率より高率である（低率であれば全てをライセンスするはずである。）ことから、第1項により、自社製品の利益率及び自己の実施の能力を証明することができた場合には、第3項で請求した場合よりも高額の賠償を請求し得ることとなる。

ただし、自社製品の利益率を訴訟で公開することや、自己の実施能力を証明することは、権利者に一定の負担を強いることになることから、早期かつ簡便に損害を確定させたい権利者は、第3項による請求を選択することになると考えられる。

すなわち、第1項は、販売数量の減少及びライセンス機会の喪失による逸失利益を簡便に算定する方法を定めた規定、第3項は、最低限の損害賠償額を算定する簡易な方法を定めた規定と整理されることとなる。

⑦　第2項の推定覆滅部分に対する実施料相当額の認定について

　第2項の推定が覆滅された部分に対する実施料相当額の認定について
は、特段の規定を措置していないが、第2項の推定が覆滅された部分につ
いても、ライセンス機会の喪失が認められるのであれば、特段の規定の措
置がなくても、新第1項と同様の認定がなされるとの解釈に基づくもので
ある。特許制度小委員会の報告書「実効的な権利保護に向けた知財紛争処
理システムの在り方」（平成31年2月）においても、「第1項による覆滅部
分について相当実施料額が認められる旨を規定する場合には、別途の条文
化の措置がなくても、第2項による覆滅部分についても同様の扱いが認め
られることと解釈されることが考えられる」と記載されている。

(2)　新第4項の規定について

　第4項を新設し、「裁判所は、第一項第二号及び前項に規定する特許発
明の実施に対し受けるべき金銭の額に相当する額を認定するに当たつて
は、特許権者又は専用実施権者が、自己の特許権又は専用実施権に係る特
許発明の実施の対価について、当該特許権又は専用実施権の侵害があつた
ことを前提として当該特許権又は専用実施権を侵害した者との間で合意を
するとしたならば、当該特許権者又は専用実施権者が得ることとなるその
対価を考慮することができる。」と規定した。

　当該規定により、具体的には、実施料相当額の算定において、特許権侵
害の事実、権利者の許諾機会の喪失、侵害者が契約上の制約なく特許権を
実施したことといった事情を考慮することができることを規定している。

【関連する改正事項】
◆実用新案法第29条

（損害の額の推定等）
　第二十九条　実用新案権者又は専用実施権者が故意又は過失により自

己の実用新案権又は専用実施権を侵害した者に対しその侵害により自己が受けた損害の賠償を請求する場合において、その者がその侵害の行為を組成した物品を譲渡したときは、次の各号に掲げる額の合計額を、実用新案権者又は専用実施権者が受けた損害の額とすることができる。

一　実用新案権者又は専用実施権者がその侵害の行為がなければ販売することができた物品の単位数量当たりの利益の額に、自己の実用新案権又は専用実施権を侵害した者が譲渡した物品の数量（次号において「譲渡数量」という。）のうち当該実用新案権者又は専用実施権者の実施の能力に応じた数量（同号において「実施相応数量」という。）を超えない部分（その全部又は一部に相当する数量を当該実用新案権者又は専用実施権者が販売することができないとする事情があるときは、当該事情に相当する数量（同号において「特定数量」という。）を控除した数量）を乗じて得た額

二　譲渡数量のうち実施相応数量を超える数量又は特定数量がある場合（実用新案権者又は専用実施権者が、当該実用新案権者の実用新案権についての専用実施権の設定若しくは通常実施権の許諾又は当該専用実施権者の専用実施権についての通常実施権の許諾をし得たと認められない場合を除く。）におけるこれらの数量に応じた当該実用新案権又は専用実施権に係る登録実用新案の実施に対し受けるべき金銭の額に相当する額

2・3　（略）

4　裁判所は、第一項第二号及び前項に規定する登録実用新案の実施に対し受けるべき金銭の額に相当する額を認定するに当たつては、実用新案権者又は専用実施権者が、自己の実用新案権又は専用実施権に係る登録実用新案の実施の対価について、当該実用新案権又は専用実施権の侵害があつたことを前提として当該実用新案権又は専

用実施権を侵害した者との間で合意をするとしたならば、当該実用
新案権者又は専用実施権者が得ることとなるその対価を考慮するこ
とができる。

5　第三項の規定は、同項に規定する金額を超える損害の賠償の請求
を妨げない。この場合において、実用新案権又は専用実施権を侵害
した者に故意又は重大な過失がなかつたときは、裁判所は、損害の
賠償の額を定めるについて、これを参酌することができる。

◆意匠法第39条

（損害の額の推定等）

第三十九条　意匠権者又は専用実施権者が故意又は過失により自己の
意匠権又は専用実施権を侵害した者に対しその侵害により自己が受
けた損害の賠償を請求する場合において、その者がその侵害の行為
を組成した物品を譲渡したときは、次の各号に掲げる額の合計額を、
意匠権者又は専用実施権者が受けた損害の額とすることができる。

一　意匠権者又は専用実施権者がその侵害の行為がなければ販売す
ることができた物品の単位数量当たりの利益の額に、自己の意匠
権又は専用実施権を侵害した者が譲渡した物品の数量（次号にお
いて「譲渡数量」という。）のうち当該意匠権者又は専用実施権
者の実施の能力に応じた数量（同号において「実施相応数量」と
いう。）を超えない部分（その全部又は一部に相当する数量を当
該意匠権者又は専用実施権者が販売することができないとする事
情があるときは、当該事情に相当する数量（同号において「特定
数量」という。）を控除した数量）を乗じて得た額

二　譲渡数量のうち実施相応数量を超える数量又は特定数量がある
場合（意匠権者又は専用実施権者が、当該意匠権者の意匠権につ
いての専用実施権の設定若しくは通常実施権の許諾又は当該専用

実施権者の専用実施権についての通常実施権の許諾をし得たと認められない場合を除く。）におけるこれらの数量に応じた当該意匠権又は専用実施権に係る登録意匠の実施に対し受けるべき金銭の額に相当する額

2・3　（略）

4　裁判所は、第一項第二号及び前項に規定する登録意匠の実施に対し受けるべき金銭の額に相当する額を認定するに当たつては、意匠権者又は専用実施権者が、自己の意匠権又は専用実施権に係る登録意匠の実施の対価について、当該意匠権又は専用実施権の侵害があつたことを前提として当該意匠権又は専用実施権を侵害した者との間で合意をするとしたならば、当該意匠権者又は専用実施権者が得ることとなるその対価を考慮することができる。

5　第三項の規定は、同項に規定する金額を超える損害の賠償の請求を妨げない。この場合において、意匠権又は専用実施権を侵害した者に故意又は重大な過失がなかつたときは、裁判所は、損害の賠償の額を定めるについて、これを参酌することができる。

◆商標法第38条

（損害の額の推定等）

第三十八条　商標権者又は専用使用権者が故意又は過失により自己の商標権又は専用使用権を侵害した者に対しその侵害により自己が受けた損害の賠償を請求する場合において、その者がその侵害の行為を組成した商品を譲渡したときは、次の各号に掲げる額の合計額を、商標権者又は専用使用権者が受けた損害の額とすることができる。

一　商標権者又は専用使用権者がその侵害の行為がなければ販売することができた商品の単位数量当たりの利益の額に、自己の商標権又は専用使用権を侵害した者が譲渡した商品の数量（次号にお

　いて「譲渡数量」という。）のうち当該商標権者又は専用使用権者の使用の能力に応じた数量（同号において「使用相応数量」という。）を超えない部分（その全部又は一部に相当する数量を当該商標権者又は専用使用権者が販売することができないとする事情があるときは、当該事情に相当する数量（同号において「特定数量」という。）を控除した数量）を乗じて得た額

　二　譲渡数量のうち使用相応数量を超える数量又は特定数量がある場合（商標権者又は専用使用権者が、当該商標権者の商標権についての専用使用権の設定若しくは通常使用権の許諾又は当該専用使用権者の専用使用権についての通常使用権の許諾をし得たと認められない場合を除く。）におけるこれらの数量に応じた当該商標権又は専用使用権に係る登録商標の使用に対し受けるべき金銭の額に相当する額

2・3　（略）

4　裁判所は、第一項第二号及び前項に規定する登録商標の使用に対し受けるべき金銭の額に相当する額を認定するに当たつては、商標権者又は専用使用権者が、自己の商標権又は専用使用権に係る登録商標の使用の対価について、当該商標権又は専用使用権の侵害があつたことを前提として当該商標権又は専用使用権を侵害した者との間で合意をするとしたならば、当該商標権者又は専用使用権者が得ることとなるその対価を考慮することができる。

5　（略）

6　第三項及び前項の規定は、これらの規定に規定する金額を超える損害の賠償の請求を妨げない。この場合において、商標権又は専用使用権を侵害した者に故意又は重大な過失がなかつたときは、裁判所は、損害の賠償の額を定めるについて、これを参酌することができる。

裁判所による損害賠償額の算定方法については、一つの訴訟において特許と意匠等の複数の権利の侵害が争われる事例もあることから、ユーザーにとっては、産業財産権4法でこれが統一されていることが望ましい。したがって、実用新案法（昭和34年法律第123号）第29条、意匠法（昭和34年法律第125号）第39条及び商標法（昭和34年法律第127号）第38条の規定についても、特許法第102条と同様に改正し、各条の現行の第1項（逸失利益の賠償）の「実施の能力」又は「販売することができないとする事情」による覆滅数量について実施料相当額分の賠償を認めるとともに、実施料相当額の算定における考慮要素を明確化することとした。なお、意匠法第39条については、88ページの補説も参照されたい。

第2章　査証制度の創設

1．改正の必要性

⑴　従来の制度

　前述のとおり、特許権は、多数の者によって時や場所を問わず侵害されるおそれがあることから、侵害が誘惑的かつ容易である一方、その発見や防止は容易ではないという性質がある。この性質を踏まえて、特許法においては、特許権侵害訴訟について、民事訴訟法（平成8年法律第109号。以下「民訴法」という。）の特例が規定されている。

①　書類提出命令等の特例（特許法第105条）

　特許権の侵害及び損害の認定が容易ではないとの性質を踏まえて、特許法は、第105条において、民訴法第223条の文書提出命令に関する規定の特例を措置している。

(ⅰ)　書類提出命令と「正当な理由」（民訴法の文書提出命令との要件の違い）（第1項）

　民訴法第220条は、自己負罪拒否権・名誉に関する文書（同条第4号イ）、公務秘密文書（同号ロ）、法定専門職秘密文書・技術職業秘密文書（同号ハ）、自己利用文書（同号ニ）又は刑事関係文書（同号ホ）に該当する場合を除いて、文書の所持者には提出義務が課せられるとして、文書一般の提出義務を規定し、民訴法第223条第1項は、裁判所による文書提出命令を規定している。他方、特許法第105条第1項は、書類の提出義務を負わない場合として、「正当な理由があるとき」という一般条項を規定し、民訴法のように提出義務の有無を形式的、画一的に判断しない旨を規定している。

すなわち、書類を開示することにより所持者が受ける不利益（主として営業秘密の漏洩）と、書類が提出されないことにより申立人が受ける不利益（訴訟追行上の必要性）とを比較衡量して、前者をより重視すべきときには、「正当な理由がある」として、提出義務が否定されることとなっている。

(ii) **書類提出の必要性及び「正当な理由」を判断するためのインカメラ手続（第2項）**

特許法第105条第2項は、平成11年に創設された規定であり、同条第1項の「正当な理由」があるか否かを判断するに際して、裁判所のみが書類を実見する手続（インカメラ手続）を定めたものである。これは、裁判所が、書類を実見した上で、書類を提出することにより所持者が受ける不利益と、書類が提出されないことにより申立人が受ける不利益とを比較衡量することができる手続を創設し、営業秘密が不必要に開示されてしまう事態を防ぐための規定である。インカメラ手続は、元来、平成8年の民訴法改正により、同法第220条第4号所定の文書提出義務の除外事由の有無を認定するための手続として措置されたものであったが（同法第223条第6項）、同旨の規定が特許法第105条第2項にも措置された。

また、平成30年改正により、「正当な理由」があるか否かの判断の際のみならず、裁判所が「当該侵害行為について立証するため、又は当該侵害の行為による損害の計算をするため必要な書類」であるか否かを判断する際にも、インカメラ手続を用いることを可能としている。

(iii) **インカメラ審理における書類の当事者等への開示（第3項及び第4項）**

インカメラ手続は本来、裁判所のみが内容を確認する手続であるが、裁判所がインカメラ手続により対象書類の開示を受けて、必要に応じて裁判所が書類の所持者（被告）から記録内容について説明を受けることがある一方、申立人（原告）には何らの手続保障もない中で、被告製品は原告の主張と異なるものである（「正当な理由」がある）として原告の書類提出

命令の申立てを却下すると、原告が他に立証手段を有しないときは請求棄却の判決が出されることとなり、公正を欠くとの批判がなされていた。これを受けて平成16年の裁判所法等の一部を改正する法律で、侵害行為の立証の容易化と営業秘密の保護とのバランスを図る観点から、裁判所が当事者の意見を聴く必要があると認めるときは、インカメラ審理においてこれを相手方の当事者等、訴訟代理人又は補佐人に開示することができる旨が規定された（第3項）。

　また、平成16年改正においては、インカメラ審理に関する規定とともに、第3項に規定する場合等に、当事者等、訴訟代理人又は補佐人に対し、秘密保持命令を発することができるようにする規定（特許法第105条の4から第105条の6まで）及び当事者尋問等の公開停止に係る規定（同法第105条の7）が整備された。これにより、インカメラ審理において書類を相手方当事者や代理人に開示する場合、秘密保持命令を発令することで、営業秘密の漏洩防止を図ることができることとなっている。

　さらに、平成30年改正で、侵害立証等に必要な書類であるか否かを判断する際のインカメラ手続においても当事者等への開示を可能とするとともに、当事者の同意を得た上で、民訴法第1編第5章第2節第1款に規定する専門委員への開示も可能とする改正がなされたところである（第4項）。

(iv)　検証物の提示への準用（第5項）

　民訴法第232条は検証物の提示義務について、文書提出命令に関する規定を準用することを定めている。そこで、特許法においても、検証物の提示に際し、書類の提出に関する第105条第1項から第4項までの規定を準用することを、同条第5項に規定している。

②　損害計算のための鑑定の特例（特許法第105条の2）

　特許権侵害による損害額の立証のために必要な事項は、侵害品の販売数量等、侵害者が所持する証拠によらなければ立証できないものであるため、

上述のとおり特許法第105条で書類提出命令等の規定が措置されている。しかしながら、損害計算のために提出される書類の量は膨大であり、経理・会計の専門家ではない者にとっては、書類の内容を正確かつ迅速に理解することは容易ではない。また、提出書類が暗号表記を含んでいる場合や、コンピューター管理された帳簿類の打ち出しデータである場合には、説明を受けることなしにはその意味を理解できない。こうした問題を解決するために、同法第105条の2は、民事訴訟一般における鑑定の特則として、特許権侵害訴訟における損害計算のための鑑定において、当事者は、鑑定に必要な事項の説明義務を負う旨を規定している。民事訴訟一般における鑑定では、当事者も第三者も鑑定人の鑑定に必要な調査を受忍して、これに協力する義務はないが、特許権侵害訴訟においては、本条の規定により、当事者に鑑定人に対する説明義務が生じることとなる。なお、当該説明義務に応じなかった場合の制裁措置は設けられていない。

③　**特許法に基づく書類提出命令に従わなかった場合の効果**

　特許法第105条に基づく書類提出命令の効果については、特許法上、特段規定がない。よって、一般法たる民訴法が適用され、当該命令に従わない場合、同法第224条第1項の規定により、「文書の記載に関する相手方の主張を真実と認めることができる」という、真実擬制の効果が生じる。例えば、被告製品がAという構成を有することを示す文書について提出命令が発令された場合であれば、「当該文書には被告製品がAという構成を有することが記載されている。」という主張が認められ得ることとなる。

　また、同条第3項は、「当該文書の記載に関して具体的な主張をすること及び当該文書により証明すべき事実を他の証拠により証明することが著しく困難であるとき」には、「事実に関する相手方の主張を真実と認めることができる」と規定されている。つまり、上記の例では、「被告製品はAという構成を有している。」という主張を真実と認めることができることとなる。

(2)　改正の必要性

① 近年の方法の特許及びソフトウェア特許の増加

(ⅰ)　方法の特許の増加

　特許権の対象となる「発明」は、「物の発明」と「方法の発明」に分類される（特許法第 2 条第 3 項参照）。前者は「技術的思想が『物』の形として体現されている発明」、後者は「時間的な流れに従って、複数の現象・行為等が組み合わされることによって技術的思想が実現されている発明」であり、具体的には、製造方法、計測方法、分析方法、通信方法、運転方法等に関する発明がこれに該当する。

　近年、「方法の発明」に関する出願件数が増加しており、全出願件数の約28％（全出願件数約31万件中、約 9 万件（平成30年度））を占めている。近年の技術の進展に伴い、方法の特許についても高度な製造技術等を用いるものが増えているところ、こうした製造方法等に関する特許については、その侵害の有無等を書類や製造機械や製品といった検証物を調べるだけで判断することが容易ではない。

(ⅱ)　ソフトウェア特許の増加

　また、近年、「物の発明」についてもプログラム関連のものが増えており、これに係るソフトウェア特許の登録件数が増加している。特許庁『平成30年度特許出願動向調査―マクロ調査―』（平成31年）によると、ソフトウェア特許（世界知的所有権機関（WIPO）が設定した技術分野「コンピューターテクノロジー」及び「ビジネス方法」に属する特許）の登録件数は、平成20年の約2.1万件から平成28年の約3.0万件へと増加している。

　ソフトウェア特許を巡る侵害訴訟においては、製品（アプリケーション等）を調査することや、特許権の請求項と製品の特徴を比較することによって侵害の有無等を判断することは容易ではなく、製品のプログラムのソースコード（プログラミング言語で書かれたテキスト）まで辿る必要がある。しかしながら、ソースコードは改変が容易な上に、膨大な量に上ることが

多く、単にこれが証拠として任意に又は書類提出命令の結果として提出されたとしても、特許権侵害の有無等を裁判官が判断することは容易ではない。

　また、近年の情報技術やAIの発達により膨大なデータベースが価値を有するようになっているが、こうしたデータベースを用いたソフトウェア特許については、単にソースコードを調べるだけでは侵害等の判断をすることはできず、データベースの内容の調査が必要となり、書類提出命令等では対応が難しい事例が生じている。

②　中立的な専門家による証拠収集手続の強化の必要性

　①で記載した方法の特許及びソフトウェア特許といった、高度に専門的な製造等工程やソフトウェアの作動状況を実見し、その詳細を理解した上で初めて特許権侵害等が立証できる特許に係る侵害訴訟においては、専門家による一定の拘束力を有する証拠収集手続を措置することが望ましい。1．（1）①から③までに記載のとおり、民訴法や特許法においては、文書（書類）提出命令、検証物提示命令及び鑑定人（特に計算鑑定人）といった証拠調べに関する諸制度が用意されているが、いずれも専門家による直接的な法的拘束力を有する証拠収集手続ではない。

　この他、民訴法には、当事者照会制度（第132条の2及び第163条）や訴えの提起前における証拠収集の処分（第132条の4、文書送付嘱託（同条第1項第1号）、調査嘱託（同項第2号）、専門的知識経験を有する者に対する意見陳述嘱託（同項第3号）、執行官に対する現況調査命令（同項第4号））が規定されているが、いずれも証拠の所持者に強制力を及ぼす制度ではなく、任意の協力を得られる範囲においてなされるものであることから、実効性を欠く場合があると考えられる。

　なお、多くの先進国では、強制的な証拠収集手続が法律上措置されており（米国の証拠開示（discovery）、英国の捜索命令（search order）や証拠開示（disclosure）、ドイツの査察（inspection）、フランスのセジー

（saisie-contrefaçon）等）、こうした状況に鑑み、専門家による法的拘束力
を有する証拠収集手続である査証制度を創設することとした。

［各国の証拠収集手続］

	アメリカ	イギリス		ドイツ	フランス
証拠収集手続	ディスカバリー	ディスクロージャー	捜索命令	査察	セジー
概要	当事者の請求に基づき、事案に関連する広範な証拠を互いに開示　裁判所は必要に応じ命令を発出	裁判所の命令に基づき、当事者は書類の開示リストを交付　相互に閲覧　※開示範囲は限定的	裁判所が任命した執行官が立入り	裁判所が任命した専門家及び執行官が立入り	裁判所が任命した執行官及び専門家が立入り
利用時期	提訴後	提訴後	提訴前・後	提訴前・後（提訴前が中心）	提訴前・後
強制力の担保	法廷侮辱行為認定（禁固、罰金等）	法廷侮辱行為認定（禁固、罰金等）	法廷侮辱行為認定（禁固、罰金等）	刑罰	刑罰

2．改正の概要

　特許法第105条の2から第105条の2の10までを新設し、専門家（査証人）
による法的拘束力を有する証拠収集手続である査証制度に関する規定を定
めた。また、第200条の2を新設し、査証人の秘密漏洩等に関する罰則を

37

措置した。

［査証制度のイメージ］

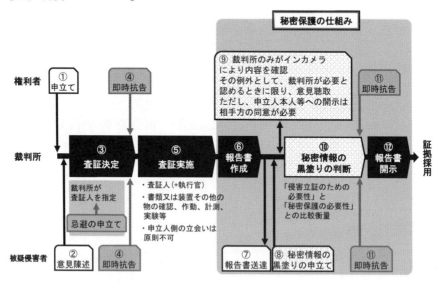

3．改正条文の解説

◆特許法第105条の2（新設）

（査証人に対する査証の命令）
第百五条の二　裁判所は、特許権又は専用実施権の侵害に係る訴訟に
おいては、当事者の申立てにより、立証されるべき事実の有無を判
断するため、相手方が所持し、又は管理する書類又は装置その他の
物（以下「書類等」という。）について、確認、作動、計測、実験
その他の措置をとることによる証拠の収集が必要であると認められ
る場合において、特許権又は専用実施権を相手方が侵害したことを

疑うに足りる相当な理由があると認められ、かつ、申立人が自ら又は他の手段によつては、当該証拠の収集を行うことができないと見込まれるときは、相手方の意見を聴いて、査証人に対し、査証を命ずることができる。ただし、当該証拠の収集に要すべき時間又は査証を受けるべき当事者の負担が不相当なものとなることその他の事情により、相当でないと認めるときは、この限りでない。

2　査証の申立ては、次に掲げる事項を記載した書面でしなければならない。

一　特許権又は専用実施権を相手方が侵害したことを疑うに足りる相当な理由があると認められるべき事由

二　査証の対象とすべき書類等を特定するに足りる事項及び書類等の所在地

三　立証されるべき事実及びこれと査証により得られる証拠との関係

四　申立人が自ら又は他の手段によつては、前号に規定する証拠の収集を行うことができない理由

五　第百五条の二の四第二項の裁判所の許可を受けようとする場合にあつては、当該許可に係る措置及びその必要性

3　裁判所は、第一項の規定による命令をした後において、同項ただし書に規定する事情により査証をすることが相当でないと認められるに至つたときは、その命令を取り消すことができる。

4　査証の命令の申立てについての決定に対しては、即時抗告をすることができる。

新第105条の2には、査証命令の要件等を規定した。

(1) 新たな証拠収集手続の概要と呼称

今般の法改正において創設する新たな証拠収集制度は、当事者の申立て

を受けて、裁判所が中立的な専門家に対して証拠の収集を命じ、中立的な専門家はこれを受けて、被疑侵害者が侵害物品を製造している工場等に立ち入り、証拠となるべき書類等に関する質問や提示要求をするほか、製造機械の作動、計測、実験等を行い、その結果を報告書としてまとめて裁判所に提出し、後に申立人が書証としてこれを利用する制度を想定している。つまり、上記証拠収集手続は、書証という証拠調べの前段階にある準備作業と位置付けることができる。

　上記証拠収集制度は、専門家が行うという点で「鑑定」に類似するが、法的拘束力を有する点、専門家への尋問を主たる証拠調べの方式としていない点で、これとは異なる（鑑定においては、「裁判長は、鑑定人に、書面又は口頭で、意見を述べさせることができる。」と規定されており（民訴法第215条第1項）、また、鑑定人質問の規定が設けられ（同法第215条の2第1項）、裁判所は鑑定人の意見陳述後、鑑定人に対し質問をすることができる旨が規定されており、人証としての側面が重視されている。）。また、五感の作用によって事物の性質、形状、状況等を検査、観察する点で「検証」に類似するが、主体が裁判官ではない点でこれとは異なる。よって、これらの特例として位置付け、「特別鑑定」や「特別検証」という呼称を用いることは適切でない。

　新設する証拠収集手続の要点は、裁判所の指名を受けた専門家が、相手方の製造現場等に立ち入り、侵害の立証に必要な証拠となるべきものを調査して特許権の侵害の有無に関する事実関係を明らかにすることにある。これに鑑みれば、「調査して証明すること」（新村出編『広辞苑（第七版）』（岩波書店））との原義を持つ「査証」という名称がふさわしいと考えられることから、これを新制度の名称とした。

　なお、ドイツの証拠収集制度の日本における呼称である「査察」は、刑事罰で担保されるような強力な証拠収集手続を想起させるため、これを採用しなかった。

(2)　査証の要件（新第1項）

　査証とは、当事者の申立てに基づく裁判所の命令によって、裁判所から指定された査証人が特許権の被疑侵害者の工場等に赴いて、証拠を収集する制度である。民訴法に基づく文書等提出命令（同法第223条）や検証物提示命令（同法第232条）は、公法上の一般義務である文書提出義務（同法第220条）や検証協力義務に基づいて、被疑侵害者の保有する文書や検証物を提出するものである一方、査証は査証人が被疑侵害者の工場等に立ち入り、相手方への質問、書類提示の要求その他必要な措置をとり、その結果を報告書にまとめて裁判所に提出するものであり、かつ、相手方に対しても査証の受忍義務を課すものであることから、より厳格な要件が必要となる。

　新第1項は、査証命令の要件として、①「立証されるべき事実の有無を判断するため、相手方が所持し、又は管理する書類又は装置その他の物（以下「書類等」という。）について、確認、作動、計測、実験その他の措置をとることによる証拠の収集が必要であると認められる場合」であること、②「特許権又は専用実施権を相手方が侵害したことを疑うに足りる相当な理由があると認められ」ること、③「申立人が自ら又は他の手段によっては、当該証拠の収集を行うことができないと見込まれる」ことを定め、ただし、④「当該証拠の収集に要すべき時間又は査証を受けるべき当事者の負担が不相当なものとなることその他の事情により、相当でないと認めるとき」には、査証の命令を発することができない旨を規定している。

①　立証されるべき事実（特許権侵害の事実等）の有無を判断するため、相手方が所持し、又は管理する書類又は装置その他の物（書類等）について、確認、作動、計測、実験その他の措置をとることによる証拠の収集が必要であること（必要性）（新第1項本文）

　査証の第1の要件として、当然に、査証によって立証されるべき事実の有無の判断に、相手方が所持する書類等について確認等することが必要で

あることを規定した。

② 特許権等を相手方が侵害したことを疑うに足りる相当な理由があること（侵害の蓋然性）（新第1項本文）

上述のとおり査証が被疑侵害者にとって負担の大きいものであることを考慮し、査証の第2の要件として、特許権又は専用実施権を侵害したことを疑うに足りる相当な理由が必要であることを規定した。具体的には、当事者から任意に提出された書類等又は書類提出命令の結果得られた書類等の証拠によって、特許権等の侵害の高い可能性が認められるが、侵害を立証するためには査証によってさらに証拠を得る必要がある場合に、査証命令が発令されることを想定している。

③ 申立人が自ら又は他の手段によっては、証拠の収集を行うことができないと見込まれること（補充性）（新第1項本文）

査証の第3の要件としては、立証されるべき事実の有無の判断に必要な相手方が所持する書類等を、申立人が自ら又は他の手段によっては、立証されるべき事実の有無を判断できる程度に収集することができないと見込まれることを規定した。

査証は、専門家が製造現場等に赴き現地調査を行うものであり、相手方に一定の負担を課すものであることから、査証命令の発令要件として、補充性を規定している。具体的には、申立人自らの収集、相手方の任意提出、裁判所の書類提出命令等によって容易に証拠を収集できる場合は、補充性要件を満たさず、査証の発令要件は満たさない。しかしながら、必ずしも書類提出命令等の手続を経た後でなければ、補充性要件を満たさないというものではなく、他の手段では十分な証拠を収集することができないと見込まれ、かつ、査証によって、より直截的かつ効率的に証拠を収集できる場合には、補充性要件を満たすものと考えられる。

④　証拠の収集に要すべき時間又は査証を受けるべき当事者の負担が不相当なものとなることその他の事情により、相当でないと認められる場合でないこと（相当性）（新第１項ただし書）

　査証は被疑侵害者に大きな負担を課すものであり、また、濫用のおそれも懸念されることから、民訴法第132条の４と同様、裁判所の裁量に基づいて査証の申立てを棄却できる旨を規定した。具体的には、(i)「（証拠の）収集に要すべき時間…が不相当なものとなる」場合（例えば、長期間の操業停止を強いられる査証が申し立てられた場合等）、(ii)「査証を受けるべき当事者の負担が不相当なものとなる」場合（例えば、過去の書類を大量に提示することが求められた場合等）、そして「その他の事情」がある場合（(i)(ii)以外で諸般の事情（請求の内容や証拠の必要性等）を考慮して、裁判所が査証をすることが相当でないと判断した場合）には、査証の申立てを棄却することを認めることとした。なお、相当性要件については、相手方が主張しなければならない申立棄却事由として運用されることを想定している。

⑤　相手方の意見聴取（新第１項本文）

　裁判所が査証の必要性を適切に判断し、査証の実効性を高めるためには、相手方の意見を聴くことが重要になることから、査証の命令の発令のためには、必ず相手方の意見を聴取することとした。

(3)　査証の申立事項（新第２項）

　民訴法第132条の４を受けて、民事訴訟規則（平成８年最高裁判所規則第５号。以下「民訴規則」という。）第52条の５は、処分の申立ては書面でしなければならないこと（同条第１項）、書面の記載事項（同条第２項）等を規定している。

　新設する査証制度は、民訴法第132条の４の定める提訴前証拠収集処分とは異なり、これに正当な理由なく従わない場合には真実擬制の効果が生

じ得るものであることから、より慎重な手続が必要となる。よって、査証の申立書の記載事項等についても、特許法上にこれを規定することとした。これは、裁判所が査証の発令要件を満たすか否かを適切に判断できるよう、必要事項を申立人に明らかにさせる趣旨にもよる。

① 特許権等を相手方が侵害したことを疑うに足りる相当な理由があると認められるべき事由（侵害の蓋然性）（新第1号）

　民訴規則第52条の5第2項第5号を参考に、査証の要件の一つである特許権等を相手方が侵害したことを疑うに足りる相当な理由があると認められるべき事由を申立書の記載事項として規定した。

② 査証の対象とすべき書類等を特定するに足りる事項及び書類等の所在地（新第2号）

　民訴規則第52条の5第3項第3号及び第4号並びに第4項を参考に、査証の対象とすべき書類等を特定するに足りる事項及び書類等の所在地を申立書の記載事項として規定した。なお、その記載内容については、査証人が査証を行うべき場所と対象を認識できる程度に特定できれば足りると考えられる。

③ 立証されるべき事実及びこれと査証により得られる証拠との関係（新第3号）

　民訴規則第52条の5第2項第4号を参考に、立証されるべき事実及びこれと査証により得られる証拠となるべきものとの関係を申立書の記載事項として規定した。なお、同号は、民訴法第132条の6第5項により同法第180条第1項の規定が準用されていることから、証拠収集処分の申立てをするには、その証拠により証明すべき事実を特定していなければならないことを受けて措置されたものである。

査証の発令要件のうち、必要性（(2)①）については、本号に基づいて判断されるものと思料される。

④　申立人が自ら又は他の手段によっては、査証により得られる証拠の収集を行うことができない理由（補充性）（新第 4 号）

　民訴規則第52条の 5 第 2 項第 5 号を参考に、査証の要件の一つである証拠収集の困難性（補充性）に関する理由を申立書の記載事項として規定した。

⑤　査証のために必要な措置として裁判所の許可を受けようとする場合（新第105条の 2 の 4 第 2 項）にあっては、当該許可に係る措置及びその必要性（新第 5 号）

　特許法新第105条の 2 の 4 第 2 項に規定のとおり、査証において査証人は、工場、事務所その他の施設への立入り、書類等を保有する査証を受ける者への質問、書類等の提示要求、装置の作動、計測、実験のほか、「査証のために必要な措置として裁判所の許可を受けた措置」をとることができるとする。よって、条文に明示的に規定する行為のほか、査証のために必要であり裁判所に許可を求める措置を申立書の記載事項として規定した。

(4)　査証命令の取消し（新第 3 項）

　新第 3 項は、裁判所が査証命令をした後に、相当性を欠くと認められるに至ったときは、職権により、査証命令を取り消すことができる旨を規定した。

(5)　査証命令の申立てについての決定に対する即時抗告（新第 4 項）

　新第 4 項は、査証命令の申立てについての決定、つまり、査証命令の申

立てを認容する決定又は査証命令の申立てを棄却又は却下する決定については、即時抗告をすることができる旨を規定した。なお、特許制度小委員会の報告書「実効的な権利保護に向けた知財紛争処理システムの在り方」（平成31年2月）では、「制度を円滑に運用するため、迅速な審理が期待される。」と指摘されており、即時抗告の審理には、一定の審理期間を要することになるが、迅速な審理が期待される。

◆特許法第105条の2の2（新設）

（査証人の指定等）

第百五条の二の二　査証は、査証人がする。

2　査証人は、裁判所が指定する。

3　裁判所は、円滑に査証をするために必要と認められるときは、当事者の申立てにより、執行官に対し、査証人が査証をするに際して必要な援助をすることを命ずることができる。

新第105条の2の2には、査証の主体、その指定方法、執行官の援助を規定した。

(1) 査証の主体（新第1項）

査証は、一定の専門的知見を備えた者が、五感の作用によって直接に事物の性質、形状、状況等を検査、観察して獲得する事実判断を査証報告書に記載する証拠収集手続であることから、新第1項には、査証は、査証人がする旨を規定した。

(2) 査証の主体の指定方法（新第2項）

新第2項には、査証人は裁判所が指定する旨を規定した。

査証人は、裁判所から査証命令を受けて証拠となるべきものを収集する

者であるため、中立公正な第三者が指定される必要がある。また、侵害が
争われている特許権等に応じた専門的知見を備えている者が査証人となる
ことも必要である。こうした理由から、査証人については、民訴法上の鑑
定人と同様に、裁判所が指定することとした（民訴法第213条参照）。なお、
具体的には、裁判所は特許権侵害訴訟の分野に応じて、当該分野の専門的
知見を有する弁護士、弁理士、学識経験者等を査証人として指定すること
を想定している。

(3)　執行官の援助（新第３項）

　査証は被疑侵害者の工場等に立ち入り、機器の検査や観察、機械の作動
等を行うものであることから、査証を受ける者の反対が強く、査証人のみ
では円滑に査証をすることが困難な場合も想定される。査証の主たる実施
主体はあくまで査証人であるが、このような場合に備えて、新第３項にお
いて、裁判所が円滑に査証をするために必要と認めるときは、申立てによ
り、執行官に対し、査証人が査証をするに際して必要な援助をすることを
命じることができる旨を規定した。具体的には、執行官は査証人による質
問や書類等提示要求等の補助を行うことを想定している。なお、民事執行
法（昭和54年法律第４号）第６条や同法第57条第３項に類する規定はない
ため、執行官は抵抗を排除するために威力を用い、又は警察上の援助を求
めたり、また、閉鎖した戸を開くための必要な処分をしたりすることなど
はできない。

◆特許法第105条の２の３（新設）

> (忌避)
> <u>第百五条の二の三</u>　<u>査証人について誠実に査証をすることを妨げるべ
> き事情があるときは、当事者は、その査証人が査証をする前に、こ
> れを忌避することができる。査証人が査証をした場合であつても、</u>

> その後に、忌避の原因が生じ、又は当事者がその原因があることを
> 知つたときは、同様とする。
> 2 　民事訴訟法第二百十四条第二項から第四項までの規定は、前項の
> 忌避の申立て及びこれに対する決定について準用する。この場合に
> おいて、同条第二項中「受訴裁判所、受命裁判官又は受託裁判官」
> とあるのは、「裁判所」と読み替えるものとする。

　査証人は鑑定人と同様、専門的知見を有する者が裁判所から指定される
こととしている。よって、鑑定人の忌避事由を定める民訴法第214条の規
定に倣い、新第105条の2の3において査証人の忌避事由を規定した。

(1)　忌避事由（新第1項）

　新第1項には「誠実に査証をすることを妨げるべき事情があるとき」に
は、当事者は査証人を忌避することができる旨を規定した。この点、鑑定
人について「誠実に鑑定をすることを妨げるべき事情」とは、当事者の主
観的事情では足らず、「鑑定人と当事者との関係、鑑定人と事件との関係
から、鑑定人が不誠実な鑑定をなすであろうとの疑惑を当事者に起こさせ
るに足る客観的事情」でなければならないと判示されている（東京高決平
成17年5月19日）。これと同様に、査証人につき誠実に査証をすることを
妨げるべき事情とは、訴訟当事者からみて誠実に査証することを期待する
ことができないとの疑惑を社会通念上是認することができるかどうかとい
う点から判断することを想定している。

　なお、鑑定人の忌避事由は、裁判官についての除斥事由を含むと解され
ており、具体的には、①鑑定人と当事者の一方との間に密接な関係がある
こと、②鑑定人が事件について特別の利害関係を有すること等も忌避事由
に該当するとされる。査証人については、専門的知見を活用するという点
で鑑定人と類似していることから、同様の解釈を採ることが適当である。

　忌避の申立ての時期について、鑑定人は陳述前に忌避することが原則で

あるが、鑑定人に誠実に鑑定をすることを妨げる事由を当事者が当初から知っていると期待することができないし、忌避の原因が鑑定の過程で生ずることもあるため、例外的に陳述後の忌避を認めている（民訴法第214条第1項後段）。査証人についても事情は同様であることから、新第1項後段に同旨の規定を措置することとした。

(2)　忌避の申立て、忌避を理由があるとする決定に対する不服申立て及び忌避を理由がないとする決定に対する不服申立て（新第2項）

民訴法第214条第2項は、鑑定人についての忌避の申立ては、裁判所にしなければならない旨を規定している。また、同条第3項は、忌避を理由ありとする決定に対しては、当事者は不服を申し立てることができないと規定している。これは、当事者は再鑑定の申立てによって保護を受けることができるためである。さらに、同条第4項は、裁判所の忌避理由なしとする決定に対しては、忌避の申立てをした当事者は即時抗告ができると規定している。

これらの事情は査証人についても該当するため、新第2項において、同条第2項から第4項までの規定を準用することとした。なお、これらの規定を準用するに当たっては、特許法上、「受訴裁判所」、「受命裁判官」、「受託裁判官」といった用語を用いていないことから、単に「裁判所」と読み替えることとした。

◆特許法第105条の2の4（新設）

> （査証）
> 第百五条の二の四　査証人は、第百五条の二第一項の規定による命令が発せられたときは、査証をし、その結果についての報告書（以下「査証報告書」という。）を作成し、これを裁判所に提出しなければならない。

> **2** 査証人は、査証をするに際し、査証の対象とすべき書類等が所在する査証を受ける当事者の工場、事務所その他の場所（次項及び次条において「工場等」という。）に立ち入り、又は査証を受ける当事者に対し、質問をし、若しくは書類等の提示を求めることができるほか、装置の作動、計測、実験その他査証のために必要な措置として裁判所の許可を受けた措置をとることができる。
>
> **3** 執行官は、第百五条の二の二第三項の必要な援助をするに際し、査証の対象とすべき書類等が所在する査証を受ける当事者の工場等に立ち入り、又は査証を受ける当事者に対し、査証人を補助するため、質問をし、若しくは書類等の提示を求めることができる。
>
> **4** 前二項の場合において、査証を受ける当事者は、査証人及び執行官に対し、査証に必要な協力をしなければならない。

　新第105条の２の４には、査証人及び執行官の具体的な権限並びに査証を受ける当事者の協力義務等を規定した。

(1) 査証（新第１項）

　新第１項には、査証人が査証の命令を受けたときは、査証を行い、その結果について報告書としてまとめ、これを裁判所に提出しなければならない旨を規定した。

　ここで査証人に査証の結果を査証報告書として提出させる理由は、特許法新第105条の２の６に定める非開示手続を経て、後に（非開示部分を除いたものを）書証として証拠調べの対象とすることを想定しているためである。査証人を鑑定人と同様に証拠調べとして尋問した場合、営業秘密の漏洩の危険が極めて高いことから、査証報告書を直ちに証拠調べの対象とするのではなく、非開示手続を設けることで、営業秘密の不要な漏洩を防止している。

(2)　査証人の査証における権限（新第2項）

　新第2項は、査証人の具体的権限として、①査証の対象とすべき書類等が所在する査証を受ける当事者の工場、事務所その他の場所（以下「工場等」という。）に立ち入ること、②査証を受ける当事者に対して質問をすること、③査証を受ける当事者に対して書類等の提示を求めること、④装置の作動（例えば、被疑侵害物品を製造する機械を実際に作動させる等）、⑤計測（例えば、被疑侵害工程における中間生成物の形状、硬度、濃度、光度、臭気を測定する等）、⑥実験（例えば、被疑侵害工程における中間生成物の成分分析、安全性試験等）を行うことができると規定した。

　査証は当事者の申立てを受けて、裁判所の命令に従い証拠となるべきものを収集するものである。査証人は、立証されるべき事実に関する証拠となるべきものを収集すべく、相手方の工場等に立入り、質問、書類等提示要求、装置の作動、計測、実験を行う。しかしながら、特許の種類によっては、これらの措置以外の措置によって証拠を収集することが必要となる場合が想定される。こうした場合においては、当該措置の妥当性を担保する必要があることから、これを査証人に求める場合、申立人はあらかじめ当該措置とその必要性を裁判所に申し立て（特許法新第105条の2第2項第5号）、裁判所の許可を受けなければならないこととしている。査証人が査証報告書を正確に作成するために必要な記録（メモ取り、写真・動画の撮影等）は、査証に当然内在する措置であり、裁判所の許可なく実施できると解される。なお、裁判所の許可は、基本的には、査証命令の発令と同時になされることを想定している。

(3)　執行官の査証における権限（新第3項）

　上述のとおり、円滑に査証をするために必要と認めるときは、裁判所は、執行官に査証人が査証をするに際して必要な援助をすることを命じることができる（特許法新第105条の2の2第3項）。具体的には、査証人による、①工場等への立入り、②質問、③書類等提示要求についての補助を行うこ

とを想定していることから、これらに関する権限を新第3項で執行官に付与することとした。

　他方、④装置の作動、⑤計測、⑥実験、⑦裁判所の許可を受けた措置については、査証人がその専門的知見を活かして行うものであることから、これらの行為に関する権限については、執行官には付与しないこととした。

(4)　査証への協力義務（新第4項）

　新第4項は、査証を受ける当事者の査証協力義務を定めている。現行民訴法上、真実発見の観点から文書提出義務（同法第220条）や検証協力義務が認められているところ、特許権侵害訴訟における証拠の偏在という特殊性や、特許権保護の必要性に鑑み、新たに査証を受ける当事者に対する協力義務を課している。

　なお、実際の査証においては、査証を受ける当事者の営業秘密保護の観点から、査証を受ける当事者及びその代理人の立会いは認められるが、査証の申立人及びその代理人や第三者の立会いは、相手方の特段の同意等がない限り、想定していない。

◆特許法第105条の2の5（新設）

> **（査証を受ける当事者が工場等への立入りを拒む場合等の効果）**
> <u>第百五条の二の五</u>　<u>査証を受ける当事者が前条第二項の規定による査証人の工場等への立入りの要求若しくは質問若しくは書類等の提示の要求又は装置の作動、計測、実験その他査証のために必要な措置として裁判所の許可を受けた措置の要求に対し、正当な理由なくこれらに応じないときは、裁判所は、立証されるべき事実に関する申立人の主張を真実と認めることができる。</u>

　新第105条の2の5には、査証を受ける当事者が査証人の要求に正当な

理由なく応じない場合の制裁（真実擬制）を規定した。

査証の実効性を担保するためには、査証の不当拒絶に対する制裁を担保する必要がある。民訴法上、文書提出命令や検証物提示命令に従わない当事者に対しては、真実擬制（同法第224条第1項及び第3項）の制裁が措置されているが、これは、訴訟当事者の最も恐れる事態が当該訴訟における敗訴であることに鑑み、命令に従わない場合の制裁として、書類等の記載に関する相手方の主張又は書類等により証明すべき事実に関する相手方の主張を真実と認めることができるとしたものである。

　文書提出義務や検証協力義務は、真実発見のための公法上の義務であるが、査証協力義務も同様の義務であることから、これに従わなかった場合の制裁も同様に措置することが適切である。よって、査証協力義務違反の制裁として、真実擬制を措置した。

　なお、「正当な理由なくこれらに応じないとき」とは、査証を受ける当事者が査証人の工場等への立入り要求等を不当に拒む場合のみならず、提示すべき書類を滅失させる場合や、虚偽の内容を記した書類を提示する場合等も含むものと解される。

◆特許法第105条の2の6（新設）

（査証報告書の写しの送達等）

<u>第百五条の二の六</u>　裁判所は、査証報告書が提出されたときは、その写しを、査証を受けた当事者に送達しなければならない。

<u>2</u>　査証を受けた当事者は、査証報告書の写しの送達を受けた日から二週間以内に、査証報告書の全部又は一部を申立人に開示しないことを申し立てることができる。

<u>3</u>　裁判所は、前項の規定による申立てがあつた場合において、正当な理由があると認めるときは、決定で、査証報告書の全部又は一部を申立人に開示しないこととすることができる。

4 　裁判所は、前項に規定する正当な理由があるかどうかについて査証報告書の全部又は一部を開示してその意見を聴くことが必要であると認めるときは、当事者等、訴訟代理人、補佐人又は専門委員に対し、査証報告書の全部又は一部を開示することができる。ただし、当事者等、補佐人又は専門委員に対し、査証報告書の全部又は一部を開示するときは、あらかじめ査証を受けた当事者の同意を得なければならない。

5 　第二項の規定による申立てを却下する決定及び第三項の査証報告書の全部又は一部を開示しないこととする決定に対しては、即時抗告をすることができる。

　特許法新第105条の2の4第1項により査証人から裁判所に提出された査証報告書（以下「原査証報告書」という。）は、訴訟の対象となっている特許権の侵害立証に関係のない営業秘密等や、侵害立証に関係のある営業秘密等であるものの、訴訟追行上の必要性が営業秘密漏洩による不利益に劣後するもの等が含まれており、これを査証の申立人に開示することは妥当ではない。よって、これらの営業秘密等を非開示とする手続を新第105条の2の6に規定した。

　なお、平成30年改正後の同法第105条第2項においても、書類提出命令の必要性及び「正当な理由」を判断するためのインカメラ手続が認められており、書証という証拠調べの前段階にある準備作業として、提出命令の対象となるべき書類の提示手続が存するが、本条の定める査証報告書の非開示手続もこれと同様に、証拠調べのための準備作業（査証）の一部（非開示のためのインカメラ手続）と位置付けることができる。

(1) 査証報告書の査証を受けた当事者への送達（新第1項）

　新第1項において、裁判所は、特許法新第105条の2の4第1項の規定により原査証報告書が提出されたときは、その写しを、査証を受けた当事

者に送達しなければならない旨を規定した。

(2)　査証を受けた当事者による非開示の申立て（新第2項）

　新第2項において、前項の規定により原査証報告書の写しの送達を受けた当事者は、原査証報告書の写しの送達を受けた日から2週間以内に、原査証報告書の全部又は一部を開示しないことを申し立てることができると規定した。

(3)　裁判所の非開示決定（新第3項）

　新第3項において、裁判所は、新第2項の申立てがあった場合において、「正当な理由」があると認めるときは、決定で、原査証報告書の全部又は一部を開示しないこととすることができる旨を規定した。

　原査証報告書の全部又は一部を申立人に開示しない「正当な理由」の判断は、書類提出命令の手続と同様、侵害立証のための必要性と営業秘密等保護の必要性とを比較衡量して判断されるものと思料される。例えば、侵害立証のために有用な営業秘密等であるが、当該営業秘密等を証拠としなくても、他の証拠により侵害立証が可能である場合、侵害立証のための必要性は営業秘密等保護の必要性に劣ると判断され、非開示とされよう。他方、重要な営業秘密等ではあるが、特許権の侵害立証のための決定的な証拠である場合、侵害立証のための必要性が営業秘密等保護の必要性に勝るとして、当該営業秘密等は開示されるものと考えられる。なお、査証を受けた当事者が当該営業秘密等の開示を回避したい場合には、査証により立証されるべき事実を認めることで、当該営業秘密等を非開示とすることを選択できると考えられる。

［侵害立証のための必要性と営業秘密等保護の必要性の比較衡量］

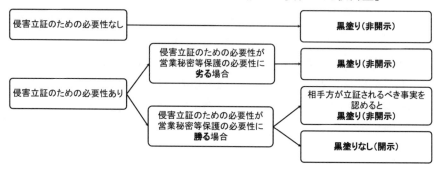

(4) 当事者等への意見聴取（新第4項）

　原査証報告書については、後述のとおり、特許法新第105条の2の7第2項の規定により、何人も、閲覧若しくは謄写、その正本、謄本若しくは抄本の交付又はその複製を求めることができない。しかしながら、「正当な理由」があるかどうかについては、裁判所が必要と判断した場合には、原査証報告書の全部又は一部を当事者等、当事者の訴訟代理人若しくは補佐人又は専門委員に開示して、これらの者に意見を聴くことができるとすることが、裁判所の適当な判断や当事者にとって納得感のある審理を行う上で望ましい。よって、同法第105条第3項と同様、新第4項において、当事者等への意見聴取手続を措置することとした。

　上記意見聴取手続による営業秘密漏洩の危険は、同法第105条の4の秘密保持命令によって防がれることとなる。

　なお、専門委員への書類等の開示については、平成30年改正後の同法第105条第4項において、当事者の同意を要件としていることから、これに倣って、当事者の同意を得た上で原査証報告書を専門委員に開示することとした。

　また、裁判所が提出を命じた書類と比べて、原査証報告書には、査証人が実際に被疑侵害者の工場等に立ち入り、装置の作動等を行った上で収集した侵害の有無に関する事実が記載されていることから、一般書類と比べ

て多分に営業秘密が記載されており、その漏洩を防止する措置をより厳重に講じるべきである。よって、インカメラ手続において原査証報告書を開示する際、当事者の同意を要する開示先について、専門委員に加えて、当事者等及び補佐人を追加することとした。

　なお、訴訟代理人に対する開示については、当事者の同意は必要としていないが、これは訴訟代理人（弁護士及び弁理士）については、弁護士法（昭和24年法律第205号）及び弁理士法（平成12年法律第49号）による懲戒等によって、十分に営業秘密の漏洩を防止する措置が講じられているためである。

⑸　即時抗告（新第5項）

　新第2項による非開示の申立てを却下する決定及び新第3項の査証報告書の全部又は一部を開示しないこととする決定がなされた場合、査証を受けた当事者には、営業秘密等漏洩の危険が生じ、また、査証を申し立てた当事者には、立証のために必要な査証報告書の記載が開示されない可能性が生ずることとなる。よって、新第5項において、当該決定に対しては、即時抗告をすることができる旨を規定した。

◆特許法第105条の2の7（新設）

（査証報告書の閲覧等）
第百五条の二の七　申立人及び査証を受けた当事者は、前条第二項に規定する期間内に査証を受けた当事者の申立てがなかつたとき、又は同項の規定による申立てについての裁判が確定したときは、裁判所書記官に対し、同条第三項の規定により全部を開示しないこととされた場合を除き、査証報告書（同項の規定により一部を開示しないこととされた場合にあつては、当該一部の記載を除く。）の閲覧若しくは謄写又はその正本、謄本若しくは抄本の交付を請求するこ

とができる。

2　前項に規定する場合のほか、何人も、その提出された査証報告書の閲覧若しくは謄写、その正本、謄本若しくは抄本の交付又はその複製を求めることができない。

3　民事訴訟法第九十一条第四項及び第五項の規定は、第一項に規定する査証報告書について準用する。この場合において、同条第四項中「前項」とあるのは「特許法第百五条の二の七第一項」と、「当事者又は利害関係を疎明した第三者」とあるのは「申立人又は査証を受けた当事者」と読み替えるものとする。

新第105条の２の７には、査証報告書の閲覧等について規定した。

(1)　査証報告書の閲覧請求等（新第１項）

　新第１項の査証報告書（非開示の申立てがされなかった原査証報告書又は一部非開示決定がされた査証報告書）について、申立人及び査証を受けた当事者は、当該査証報告書の閲覧等を請求し、必要に応じてその後の訴訟手続で証拠として活用することとなる。

　民訴法上、訴訟記録については、何人も閲覧を請求することができ（同法第91条第１項）、また、当事者及び利害関係を疎明した第三者のみが謄写、その正本、謄本若しくは抄本の交付又は訴訟に関する事項の証明書の交付を請求することができる（同条第３項）。他方、同法第132条の４に基づく訴えの提起前における証拠収集の処分により収集された事件記録については、同法第132条の７により、閲覧等について、申立人及び相手方のみがこれらの請求をすることができる。これは、提訴前証拠収集処分が、提訴前の手続であり一般公開が予定されたものではなく、その記録についても一般公開の必要がないことに加えて、資料が訴訟に証拠として提出されれば、その時点で訴訟記録を構成し、一般公開の対象となるため、それで足りると考えられたためである。

非開示手続を経た査証報告書についても、提訴前に収集された証拠と同様、これが訴訟に証拠として提出された段階で公開の対象とすれば十分と考えられる。よって、新第1項において、申立人及び査証を受けた当事者のみが、裁判所書記官に対し、査証報告書の閲覧等の交付を請求することができる旨を規定した。具体的には、①査証報告書の写しの送達を受けた日から2週間以内に、査証を受けた当事者から報告書の非開示の申立てがなかったとき、又は、②非開示の申立てについて、全部開示、一部非開示、全部非開示といった裁判が確定したときには、査証の申立人又は査証を受けた当事者は、裁判所書記官に対し、全部非開示の場合を除いて、査証報告書（一部非開示とされた場合は、非開示部分を除くもの）の閲覧等を請求することができることとしている。査証の申立人又は査証を受けた当事者は、当該査証報告書について、必要に応じて書証として提出し（同法第219条）、その後の訴訟手続で利用することとなる。

なお、非開示手続後の査証報告書にも営業秘密等が記載されていることから、同法第92条の規定に基づき、裁判所は当事者の申立てにより、当該査証報告書の閲覧等又はその複製の請求をすることができる者を当事者に限ることができる。

(2)　当事者以外による査証報告書の閲覧請求等（新第2項）

査証報告書には、訴訟の対象となっている特許権の侵害立証に関係のない営業秘密や、侵害立証に関係のある営業秘密であるものの、訴訟追行上の必要性が営業秘密漏洩による不利益に劣後するもの等が含まれている。このため、新第2項には、新第1項の場合のほか何人も閲覧等又はその複製を求めることができない旨を規定した。これは、査証報告書に記載された営業秘密に配慮して、当事者以外の閲覧等又はその複製を禁じたものである。

⑶ 民訴法第91条第4項及び第5項の規定の準用（新第3項）

　民訴法上、裁判所書記官は、裁判長の許可があったときは、証人等の陳述を録音テープ又はビデオテープ等に記録し、これをもって調書の記載に代えることができる（民訴規則第68条第1項）。また、口頭弁論調書には、録音テープやビデオテープ等を引用し、訴訟記録に添付することによって調書の一部とすることができる（同規則第69条）。

　しかしながら、訴訟記録の一部となっている録音テープ又はビデオテープ等については、同法第91条第3項の「謄写、その正本、謄本若しくは抄本の交付又は訴訟に関する事項の証明書の交付」という概念になじまない。よって、同条第4項は、録音テープ又はビデオテープ等に関する適用除外を規定するとともに、当事者又は利害関係を疎明した第三者の請求があるときは、裁判所書記官はその複製を許さなければならないと規定している。また、同条第5項は、「訴訟記録の閲覧、謄写及び複製の請求は、訴訟記録の保存又は裁判所の執務に支障があるときは、することができない」と規定し、濫用的な請求を拒むことができる旨を規定している。

　同法第132条の4に基づく訴えの提起前における証拠収集の処分により収集された事件記録についての、同法第132条の7第1項による閲覧等請求については、同条第2項の規定により、同法第91条第4項及び第5項が準用されている。よって、証拠収集処分申立事件記録に録音テープやビデオテープ等が含まれる場合、証拠収集処分の申立人又は相手方の請求により、その複製が許されることになる。また、証拠収集処分申立事件記録の閲覧、謄写及び複製の請求は、記録の保全又は裁判所の執務に支障があるときは、することができない。

　査証報告書についても、その一部に録音テープやビデオテープ等が含まれる可能性があり、また、濫用的な閲覧、謄写及び複製請求の弊害を防止することが必要である。よって、新第3項において、訴えの提起前における証拠収集処分と同様、同法第91条第4項及び第5項の規定を準用するとともに、必要な読替えを行った。

◆特許法第105条の2の8（新設）

（査証人の証言拒絶権）

第百五条の二の八　査証人又は査証人であつた者が査証に関して知得
　した秘密に関する事項について証人として尋問を受ける場合には、
　その証言を拒むことができる。

2　民事訴訟法第百九十七条第二項の規定は、前項の場合に準用する。

　新第105条の2の8には、査証人の証言拒絶権について規定した。

(1)　査証人又は査証人であった者の証言拒絶権（新第1項）

　民訴法第197条第1項第2号は、医師、弁護士及び宗教等の職にある者
又はこれらの職にあった者が職務上知り得た事実で黙秘すべきものについ
て尋問を受ける場合には、証言を拒むことができる旨を規定している。こ
れは、職業の性質上、他人から秘密や弱点を打ち明けられて相談にあずか
ることの多い専門的職業従事者を列挙して、訴訟における証人尋問によっ
て他人の信頼を裏切らないことができるようにするものである。

　査証人は、他人の工場等に立ち入り、装置の作動等を行うことで、営業
秘密を始めとする秘密を知得することが想定される。そのため、査証によっ
て他人の営業秘密を知得した査証人又は査証人であった者についても、当
該査証が行われた訴訟はもとより、全ての訴訟において、査証に関して知
得した秘密に関する事項について証人として尋問を受ける場合、証言を拒
むことができるよう措置する必要がある。

　よって、同法第197条第1項第2号に倣い、新第1項に査証人又は査証
人であった者についての証言拒絶権を規定した。

(2)　黙秘の義務の免除（新第2項）

　民訴法第197条第2項には、証人が黙秘の義務を免除された場合には、

証言拒絶権を失うこととなる旨が規定されている。

　査証人についても、守秘義務を負う（新第200条の２）が、証人としての黙秘の義務を免除された場合には証言拒絶権を失うこととすることが適切であることから、新第２項において同法第197条第２項の規定を準用することとした。

◆特許法第105条の２の９（新設）

（査証人の旅費等）
　第百五条の二の九　査証人に関する旅費、日当及び宿泊料並びに査証料及び査証に必要な費用については、その性質に反しない限り、民事訴訟費用等に関する法律（昭和四十六年法律第四十号）中これらに関する規定の例による。

　新第105条の２の９は、査証人の旅費等について、民事訴訟費用等に関する法律（昭和46年法律第40号）の規定の例によることを定めている。

　民事訴訟費用等に関する法律においては、例えば第18条において、証人の旅費の請求等について定めており、証人、鑑定人及び通訳人（証人等）は、旅費、日当及び宿泊料（旅費等）を請求することができること（同条第１項）、鑑定人及び通訳人は、鑑定料又は通訳料を請求し、及び鑑定又は通訳に必要な費用（鑑定等費用）の支払又は償還を受けることができること（同条第２項）、証人等は、あらかじめ旅費等又は鑑定等費用の支払を受けた場合において、正当な理由がなく、出頭せず、又は宣誓、証言、鑑定若しくは通訳を拒んだときは、その支払を受けた金額を返納しなければならないこと（同条第３項）を規定している。また、第26条において、第18条第２項等により支給すべき鑑定料、通訳料等の額は、裁判所が相当と認めるところによると規定している。

　本条は、査証人の旅費等についても、訴訟費用として民事訴訟費用等に

関する法律の規定の例によることとし、査証人についても旅費等を請求できること（ただし、正当な理由なく査証を拒んだ者を除く。）、査証料を請求できること、査証に必要な費用の支払等を受けること、査証人があらかじめ旅費等又は査証料や査証に必要な費用の支払等を受けた場合において、正当な理由なく、査証を拒んだときは、その支払を受けた金額を返納しなければならないこと、査証人に支給すべき査証料の額は、裁判所が相当と認めるところによること等を規定したものである。

　本規定により訴訟費用とされる査証関連の費用は、民訴法第61条の規定により、敗訴の当事者の負担となる。

　なお、必ずしも訴訟費用には含まれない費用であって、査証を受けた当事者に発生する費用（例えば、査証のために提供した中間生成品にかかる費用等）については、民訴法上の鑑定や検証と同様、査証を受けた当事者の負担となるが、査証命令の発令要件に相当性（特許法新第105条の2第1項ただし書）を規定することで、当事者に過度な負担が発生する査証は回避されるよう措置している。

◆特許法第105条の2の10（新設）

> **（最高裁判所規則への委任）**
> **第百五条の二の十**　この法律に定めるもののほか、第百五条の二から前条までの規定の実施に関し必要な事項は、最高裁判所規則で定める。

　新第105条の2の10には、査証に関する規定の実施に必要な細目事項については、最高裁判所規則で定める旨を規定した。

◆特許法第200条の2（新設）

> <u>第二百条の二　査証人又は査証人であつた者が査証に関して知得した</u>
> <u>秘密を漏らし、又は盗用したときは、一年以下の懲役又は五十万円</u>
> <u>以下の罰金に処する。</u>

　新第200条の2には、査証人又は査証人であった者が秘密を漏らした場合の罪を規定した。査証制度においては、その主体となる査証人は、専門的知見を有する者が裁判所により指名され、被疑侵害者の工場等に立ち入り、装置の作動等により証拠となるべきものを収集することになるが、その際に査証を受ける当事者の営業秘密を始めとする秘密を知ることになる。当該秘密の漏洩を防止すべく、本条は、査証人の秘密漏示又は秘密盗用に対する罰則（1年以下の懲役又は50万円以下の罰金）を措置している。

　なお、守秘義務の対象となる秘密の範囲については、不正競争防止法（平成5年法律第47号）で規定される営業秘密（同法第2条第6項）に限らず、査証の実施に関して知得した秘密全般とする。

【関連する改正事項】

◆特許法第65条

> （出願公開の効果等）
> 第六十五条　（略）
> 2〜5　（略）
> 6　第百一条、<u>第百四条から第百四条の三まで、第百五条から第百五</u>
> <u>条の二の十一まで</u>、第百五条の四から第百五条の七まで及び第
> 百六十八条第三項から第六項まで並びに民法（明治二十九年法律第
> 八十九号）第七百十九条及び第七百二十四条（不法行為）の規定は、
> 第一項の規定による請求権を行使する場合に準用する。この場合に

> おいて、当該請求権を有する者が特許権の設定の登録前に当該特許
> 出願に係る発明の実施の事実及びその実施をした者を知つたとき
> は、同条第一号中「被害者又はその法定代理人が損害及び加害者を
> 知った時」とあるのは、「特許権の設定の登録の日」と読み替える
> ものとする。

　補償金請求権（第65条第1項又は特許法第184条の10第1項の規定による請求権）は、出願が公開された結果、自己の発明を第三者に実施されたことによる出願人の損失を填補するために認められるものである。

　この補償金請求権を行使する場合においても、書類等提出命令（同法第105条）や損害計算の鑑定（現行の同法第105条の2）と同様、査証制度を適用できることとした。

◆特許法第105条の2　（新第105条の2の11）

> （損害計算のための鑑定）
> <u>第百五条の二の十一</u>　（略）

　特許法第105条の2から第105条の2の10までを新設して査証制度を創設したことに伴い、現行の第105条の2（損害計算のための鑑定）の条番号を修正し、新第105条の2の11とした。

◆特許法第105条の4

> （秘密保持命令）
> <u>第百五条の四</u>　裁判所は、特許権又は専用実施権の侵害に係る訴訟において、その当事者が保有する営業秘密（不正競争防止法（平成五年法律第四十七号）第二条第六項に規定する営業秘密をいう。以下

同じ。）について、次に掲げる事由のいずれにも該当することにつき疎明があつた場合には、当事者の申立てにより、決定で、当事者等、訴訟代理人又は補佐人に対し、当該営業秘密を当該訴訟の追行の目的以外の目的で使用し、又は当該営業秘密に係るこの項の規定による命令を受けた者以外の者に開示してはならない旨を命ずることができる。ただし、その申立ての時までに当事者等、訴訟代理人又は補佐人が第一号に規定する準備書面の閲読又は同号に規定する証拠の取調べ若しくは開示以外の方法により当該営業秘密を取得し、又は保有していた場合は、この限りでない。

一　既に提出され若しくは提出されるべき準備書面に当事者の保有する営業秘密が記載され、又は既に取り調べられ若しくは取り調べられるべき証拠（第百五条第三項の規定により開示された書類、第百五条の二の六第四項の規定により開示された査証報告書の全部若しくは一部又は第百五条の七第四項の規定により開示された書面を含む。）の内容に当事者の保有する営業秘密が含まれること。

二　（略）

2～5　（略）

第105条の4について、非開示手続前の原査証報告書中にある営業秘密の漏洩を防ぐため、インカメラ手続により原査証報告書を開示された者に対しても秘密保持命令を発令できる規定とした。なお、第105条の2の7第1項により開示される査証報告書又は第105条の2の7第3項において読み替えて準用する民事訴訟法第91条第4項により複製される査証報告書中の録音テープ又はビデオテープ（これらに準ずる方法により一定の事項を記録したものを含む。）についても、第1号に規定する「取り調べられるべき証拠」に含まれることとしている。

　なお、査証制度は、上述のとおり方法の特許やソフトウェア特許といっ
た、高度に専門的な製造等工程やソフトウェアの作動状況を実見し、その
詳細を理解した上で初めて侵害を立証できる特許に係る侵害訴訟において
必要となる制度であることから、実用新案法、意匠法及び商標法には同様
の制度を設けないこととした。

第3章　附則

(1)　施行期日

（施行期日）
第一条　この法律は、公布の日から起算して一年を超えない範囲内に
　おいて政令で定める日から施行する。ただし、次の各号に掲げる規
　定は、当該各号に定める日から施行する。

一・二　（略）

三　第一条中特許法第六十五条第六項の改正規定、同法第百五条第
　　四項の改正規定、同法第百五条の二を同法第百五条の二の十一と
　　し、同法第百五条の次に十条を加える改正規定、同法第百五条の
　　四第一項第一号の改正規定、同法第百六十九条第六項の改正規定、
　　同法第二百条の見出しを削り、同条の前に見出しを付する改正規
　　定及び同法第二百条の二を同法第二百条の三とし、同法第二百条
　　の次に一条を加える改正規定、第二条中実用新案法第三十条の改
　　正規定、第三条中意匠法第四十一条の改正規定及び同法第六十条
　　の十二第二項の改正規定並びに第四条中商標法第十三条の二第五
　　項の改正規定及び同法第三十九条の改正規定並びに附則第五条の
　　規定　公布の日から起算して一年六月を超えない範囲内において
　　政令で定める日

四　（略）

　損害賠償額算定の見直しについては、改正法の公布の日から1年を超え
ない範囲内において政令で定める日（令和元年政令第145号により令和2
年4月1日に決定）から施行することとした（附則第1条本文）。また、
査証制度の創設については、公布の日から起算して1年6月を超えない範

囲内において政令で定める日から施行することとした（同条第3号）。

(2)　執行官法の一部改正

（手数料を受ける場合）

第八条　執行官は、次の各号に掲げる事務ごとに、その手数料を受けるものとする。

　一・一の二　（略）

　一の三　特許法（昭和三十四年法律第百二十一号）第百五条の二の二第三項の規定による援助

　二〜二十二　（略）

2　執行官は、前項各号の事務の実施に着手する前であつても、次の各号に掲げる場合においては、当該事務に係る手数料を受ける。

　一　送達、前項第一号の二の現況の調査又は同項第一号の三の援助を行うべき場所に臨んだ場合において、執行官の責めに帰することができない事由によつて送達、同項第一号の二の現況の調査又は同項第一号の三の援助を実施することができなかつたとき。

　二　（略）

---

①　執行官の査証の援助に係る手数料（新第8条第1項第1号の3）

　執行官が手数料を受ける場合を列挙する執行官法（昭和41年法律第111号）第8条第1項に「特許法（昭和三十四年法律第百二十一号）第百五条の二の二第三項の規定による援助」を追加した。同項第1号及び第1号の2には訴訟手続に関する執行官の事務が、第2号から第22号までには非訟手続（執行手続）に関する執行官の事務が掲げられているが、査証制度は訴訟手続の一環であることから、査証における執行官の援助は、第1号の3を新設して規定することとした。なお、手数料の具体的な金額について

は、同法第9条第1項の規定に基づき、最高裁判所規則で定めることとした。

② **事務に着手する前に手数料を受ける場合（第8条第2項第1号）**

執行官が事務の実施に着手する前であっても、手数料を受ける場合を規定するため、執行官法第8条第2項第1号に、査証における執行官の援助を追加した。

第二部　意匠法の改正項目

第1章　意匠の定義の見直し

1．改正の必要性

(1)　従来の制度
①　意匠の定義

　意匠法上、意匠権の対象となる「意匠」とは、「物品（物品の部分を含む。…）の形状、模様若しくは色彩又はこれらの結合であつて、視覚を通じて美感を起こさせるもの」（同法第2条第1項）と規定されており、物品性、形態性、視覚性、審美性の4つの要件を満たせば、意匠として取り扱われるとされている。また、同項の「物品」は、「有体物である動産」を意味しており、意匠法は、原則として有体物である物品の形状等を保護している。

②　建築物の保護

　上述のとおり、意匠の定義において規定されている「物品」は、「有体物である動産」を意味することから、不動産である建築物については、意匠権で保護することはできない。

③　画像の保護

　上述のとおり、意匠の定義において規定されている「物品」は、「有体物である動産」を意味する。しかし、2000年代に情報技術が急激に発展し、家電機器や情報機器について電子的画面が多用されるようになったところ、当該画面上に表示される「画面デザイン」について模倣被害等から保護すべく、これを意匠権で保護する必要が生じてきた。これを受けて、平成18年改正により意匠法第2条第2項が新設され、画像の一部、具体的に

は、物品の本来的な機能を発揮できる状態にする際に必要となる操作に使用される画面上に表示された画像（例えば、DVDプレイヤーの再生前の操作画像や携帯電話の通話前の操作画像等）は、同条第1項の「意匠」に含まれるものとされた。

　また、同条第2項によって、物品の表示部の画像のみならず、物品（例えば、DVDプレイヤー等）の使用の際に同時に用いられる他の物品（例えば、ディスプレイ等）の表示部に表示される画像（例えば、DVDプレイヤーの操作画像等）についても、同条第1項の「意匠」に含まれるものとされた。

　このように、同条第2項の規定により、一部の画像については、従来の制度においても意匠法の保護対象に含まれている。

(2)　改正の必要性
①　建築物のデザインの保護

　昨今、モノのデザインのみならず、空間のデザインを重視する観点から、企業が店舗の外観や内部の形状等に特徴的な工夫を凝らしてブランド価値を創出し、サービスの提供や製品の販売を行う事例が増えている。こうした店舗デザインについては、多額の投資を行った上で設計されることも多く、これが容易に模倣されるようであれば、企業競争力の源泉たるデザイン投資の収縮を招くこととなる。

　したがって、これらのデザインを意匠権で保護することができるよう、意匠の定義を見直すことが必要である。

②　画像デザインの保護

　昨今、IoT等の新技術の普及に伴い、個々の機器がネットワークでつながるようになったことから、特に機器のグラフィカルユーザーインターフェース（利用者と機器が情報をやり取りする仕組み、GUI）が重要な役割を担っている。さらに、近年のセンサー技術や投影技術の発展により、

74

物品に表示されず、壁や人体等に投影される画像が出現し、利用者は場所に関わりなくGUIを出現させ、機器を操作することが可能となっている。これにより、GUIが機器と離れて独立して付加価値を持つようになっており、GUIに対するデザイン投資が増加している。

　また、近年、インターネットサービスの多様化やスマートフォンの飛躍的普及を受けて、インターネット上のサイバーモール（仮想商店街）やナビゲーションサービスが発展している。これらの業態においては、消費者に商品の魅力を訴求し、また、利用者にとってより使いやすいサービスを提供すべく、ウェブデザインに多額の投資を行い、より使いやすい画像デザインを開発することで、競争力を高めている。多様な画像デザインがウェブデザイナーによって創作されているが、インターネット技術の発達を背景に、これらの画像を含む多くのアプリケーションやソフトウェアが、クラウド上に記録され、ネットワークを通じて消費者や利用者に提供されている。

　このような投影画像やウェブ上の画像については、上述のとおり、製品の機能や付加価値を大きく高めることから、多額の投資を行った上で多くのデザイナーを動員して研究、開発されるものが多い。我が国のイノベーションを促進し企業の競争力を強化する観点からは、こうした研究開発活動を促進することが重要であるところ、このためには、開発した画像のデザインについて独占権を認め、研究開発投資の回収を容易ならしめることが有効である。

　従来の制度においては、「意匠」は物品性を要するため、物品に記録されず、クラウド上から提供される画像については、意匠法第2条第1項の「意匠」に含めることができない。また、同条第2項によって意匠権の対象となる画像は、「物品の操作（当該物品がその機能を発揮できる状態にするために行われるものに限る。）の用に供される画像であつて、当該物品又はこれと一体として用いられる物品に表示されるもの」であることから、物品がその機能を発揮させている状態の画像（例えば、携帯電話のメー

ル送信中の操作画像等）や、壁等に投影される画像については、意匠権の
対象とすることができない。

　したがって、これらのデザインを意匠権で保護することができるよう、
意匠の定義を見直すことが必要である。

２．改正の概要

　意匠法第２条第１項の意匠の定義に建築物及び画像を追加し、同条第２
項において、建築物及び画像に係る意匠の実施行為を規定した。これに伴
い、必要な規定の整備を行うこととした。

３．改正条文の解説

(1)　意匠の定義の見直し
◆意匠法第２条

（定義等）

第二条　この法律で「意匠」とは、物品（物品の部分を含む。以下同
　じ。）の形状、模様若しくは色彩若しくはこれらの結合（以下「形
　状等」という。）、建築物（建築物の部分を含む。以下同じ。）の形
　状等又は画像（機器の操作の用に供されるもの又は機器がその機能
　を発揮した結果として表示されるものに限り、画像の部分を含む。
　次条第二項、第三十七条第二項、第三十八条第七号及び第八号、第
　四十四条の三第二項第六号並びに第五十五条第二項第六号を除き、
　以下同じ。）であつて、視覚を通じて美感を起こさせるものをいう。

２・３　（略）

---

①　建築物の意匠の規定

建築物については、「物品（…）の形状、模様若しくは色彩又はこれらの結合（以下「形状等」という。）」と並べて、「建築物（…）の形状等」であって、「視覚を通じて美感を起こさせるもの」を「意匠」の定義に追加した。なお、ここでいう建築物は、建築基準法の定義等における用語の意よりも広く、建設される物体を指し、土木構造物を含む。

また、物品と同様、建築物についても、その部分に独創的な趣向を凝らすことが想定されるため、部分意匠の登録を認めることとした。

②　画像の意匠の規定

(i)　画像の追加

「物品（…）の形状、模様若しくは色彩又はこれらの結合（以下「形状等」という。）」及び「建築物（…）の形状等」と並列させ、「画像（機器の操作の用に供されるもの又は機器がその機能を発揮した結果として表示されるものに限り、画像の部分に限る。）」を規定し、「画像」であって、「視覚を通じて美感を起こさせるもの」を「意匠」の定義に追加した。

また、物品及び建築物と同様、画像についても、その部分に独創的な趣向を凝らすことが想定されるため、部分意匠の登録を認めることとした。

(ii)　画像の規定

画像を意匠の定義に追加し、画像について意匠権という強力な独占権を付与することを誘因として開発投資を促進する以上、全ての画像を意匠とすることは適切ではなく、当該画像デザインによって機器や機器に関連するサービス等の付加価値を向上させるものに限って権利の客体とすることが適切である。具体的には、関連機器の操作性や視認性を高めるべく多額の投資を行った上で開発されるGUI等の(a)操作画像や(b)表示画像については、これらを保護することが必要である。よって、条文上は、「機器の操作の用に供されるもの」((a)操作画像)、「機器がその機能を発揮した結

果として表示されたもの」((b)表示画像）と規定することとした。この規定により、例えば、映画やゲーム等のコンテンツの画像、デスクトップの壁紙等の装飾画像については、意匠権の保護対象とならないこととなる。なお、意匠法第3条第2項で創作非容易性の根拠とする画像、同法第37条新第2項に規定する意匠権侵害における画像、同法第38条新第7号及び新第8号に規定する間接侵害における画像、同法第44条の3第2項新第6号に規定する回復した意匠権の効力の制限における画像並びに同法第55条第2項新第6号に規定する再審により回復した意匠権の効力の制限における画像については、第2条第1項で定義される操作画像及び表示画像以外の画像が含まれ得ることから、同項の「画像」の定義規定から控除することとした。

③ 現行の第2条第2項の削除

　今般の改正により、第2条新第1項で画像を広く意匠の定義に含めることとしたことに伴い、現行の同条第2項で規定する操作画像は同条第1項に包摂され、また、表示場所も物品又はこれと一体として用いられる物品に限られないものとなったことから、現行の同条第2項は削除することとした。

(2) 意匠の実施の定義の見直し
◆意匠法第2条

（定義等）

第二条　（略）

<u>2</u>　<u>この法律で意匠について「実施」とは、次に掲げる行為をいう。</u>

　<u>一　意匠に係る物品の製造、使用、譲渡、貸渡し、輸出若しくは輸入又は譲渡若しくは貸渡しの申出（譲渡又は貸渡しのための展示を含む。以下同じ。）をする行為</u>

<u>二</u>　意匠に係る建築物の建築、使用、譲渡若しくは貸渡し又は譲渡
　若しくは貸渡しの申出をする行為
<u>三</u>　意匠に係る画像（その画像を表示する機能を有するプログラム
　等（特許法（昭和三十四年法律第百二十一号）第二条第四項に規
　定するプログラム等をいう。以下同じ。）を含む。以下この号に
　おいて同じ。）について行う次のいずれかに該当する行為
　イ　意匠に係る画像の作成、使用又は電気通信回線を通じた提供
　　若しくはその申出（提供のための展示を含む。以下同じ。）を
　　する行為
　ロ　意匠に係る画像を記録した記録媒体又は内蔵する機器（以下
　　「画像記録媒体等」という。）の譲渡、貸渡し、輸出若しくは輸
　　入又は譲渡若しくは貸渡しの申出をする行為
<u>3</u>　（略）

　今般の改正で、意匠の定義に建築物及び画像を追加するが、これらの意
匠の「実施」行為については、必ずしも既存の物品の意匠と同一のものが
想定されるわけではない。よって、今般追加する意匠ごとに、「実施」行
為の類型を新たに規定する必要がある。

　類型ごとに意匠の「実施」を規定するに際しては、特許法第2条第3項
又は商標法第2条第3項が、類型ごとに発明の「実施」又は標章の「使用」
を規定していることから、これらの条文と同様の構造とすることとした。

　また、今般の改正で追加する建築物及び画像の意匠の実施行為について
は、物品の意匠の実施行為から下記の点を変更する。

①　建築物の意匠の実施の定義

　建築物の意匠の実施行為においては、「製造」に代わる概念として「建築」
と規定した。また、不動産の輸出入は想定されないことから、輸出及び輸
入を規定しないこととした。

②　画像の意匠の実施の定義

　画像の意匠の実施行為においては、画像の作成や譲渡は、実質的には当該画像を表示するためのプログラムの作成や譲渡に当たることから、「画像を表示する機能を有するプログラム等」が画像に含まれる旨を規定した。また、画像そのものが対象となる行為と、画像を記録した記録媒体や内蔵する機器（画像記録媒体等）が対象となる行為とがあることから、これらを新第３号においてイ、ロに分けて規定することとした。

　具体的には、イで規定する「画像」の実施行為については、「製造」に代わる概念として「作成」と規定した上、ネットワークを通じた画像の提供行為が実施に含まれるよう「電気通信回線を通じた提供」を規定した。また、ロで規定する画像記録媒体等の実施行為については、その譲渡、貸渡し、輸出若しくは輸入又は譲渡若しくは貸渡しの申出を規定した。

　なお、「画像を記録した記録媒体」は、画像を記録したUSB端末やCD-ROM等の記録媒体を指し、「画像を内蔵する機器」は、画像を含むアプリケーション等がインストールされたスマートフォン、画像を表示する機能を有するプログラム等を内蔵する洗濯機やDVDプレイヤー等を指す。
以上のように、意匠に係る画像を用いたアプリケーションがアップロードされたサーバーを管理する行為は、実施行為には含めないこととした。

【関連する改正事項】

◆意匠法第３条（意匠登録の要件）

　意匠法第２条第１項において画像を意匠の定義に追加したことに伴い、日本国内又は外国において公然知られ、頒布された刊行物に記載され、又は電気通信回線を通じて公衆に利用可能となった画像に基づいて容易に創作できた意匠についても意匠登録を受けることができないものとした。

　なお、第３条第２項については、創作非容易性水準の明確化のための改正もあるため、これを踏まえた改正の詳細については第２章を参照されたい。

◆意匠法第５条

（意匠登録を受けることができない意匠）

第五条　次に掲げる意匠については、第三条の規定にかかわらず、意匠登録を受けることができない。

一　（略）

二　他人の業務に係る物品、<u>建築物又は画像</u>と混同を生ずるおそれがある意匠

三　物品の機能を確保するために不可欠な形状若しくは<u>建築物の用途にとつて不可欠な形状</u>のみからなる意匠<u>又は画像の用途にとつて不可欠な表示のみからなる意匠</u>

意匠法第２条第１項において意匠の定義に建築物及び画像を追加したことから、本条においてもこれらを追加した。

なお、第５条新第３号において、建築物及び画像について「機能」でなく「用途」と規定したのは、物品については、「物品の機能」という表現が、建築物及び画像については、「建築物の用途」、「画像の用途」という表現が通常の用法に適うためである。

◆意匠法第６条

（意匠登録出願）

第六条　意匠登録を受けようとする者は、次に掲げる事項を記載した願書に意匠登録を受けようとする意匠を記載した図面を添付して特許庁長官に提出しなければならない。

一・二　（略）

三　意匠に係る物品<u>又は意匠に係る建築物若しくは画像</u>の用途

2　（略）

3　第一項第三号の意匠に係る<u>物品若しくは意匠に係る建築物の用途</u>の記載又は願書に添付した図面、写真若しくはひな形によつてはその意匠の属する分野における通常の知識を有する者がその意匠に係る<u>物品又は建築物の材質</u>又は大きさを理解することができないためその意匠を認識することができないときは、その意匠に係る<u>物品又は建築物の材質</u>又は大きさを願書に記載しなければならない。

4　意匠に係る物品の形状、模様<u>若しくは色彩、建築物の形状、模様若しくは色彩又は画像</u>がその物品、<u>建築物又は画像</u>の有する機能に基づいて変化する場合において、その変化の前後にわたるその物品の<u>形状等、建築物の形状等又は画像</u>について意匠登録を受けようとするときは、その旨<u>及びその物品、建築物又は画像の当該機能</u>の説明を願書に記載しなければならない。

5・6　（略）

7　第一項の規定により提出する図面に意匠を記載し、又は第二項の規定により提出する写真若しくはひな形に意匠を現す場合において、その意匠に係る物品、<u>建築物又は画像</u>の全部又は一部が透明であるときは、その旨を願書に記載しなければならない。

　意匠法第2条第1項において建築物及び画像を意匠の定義に追加したことに伴い、第6条第1項第3号、第3項、第4項及び第7項において、これらの意匠に係る願書の記載事項を整備するために必要な改正を行った。

　なお、同条第1項第3号及び第3項においては、同法第5条第3号と同様、建築物及び画像については、その「機能」でなくその「用途」という表現を用いることが通例であるため、その「用途」と規定した。他方、第6条第4項においては、建築物の形状等及び画像がこれらの「用途」に基づいて変化するというよりは、これらの「機能」に基づいて変化すると考えるのが妥当であるから、物品と同様、建築物や画像についても「機能に基づいて変化する場合」と規定している。

◆意匠法第60条の6

> （国際出願による意匠登録出願）
>
> 第六十条の六　（略）
>
> 2　（略）
>
> 3　第一項（前項の規定により読み替えて適用する場合を含む。）の規定により意匠登録出願とみなされた国際出願（以下「国際意匠登録出願」という。）に係るジュネーブ改正協定第一条（viii）に規定する国際登録簿（以下「国際登録簿」という。）に記録された次の表の上欄に掲げる事項は、第六条第一項の規定により提出した願書に記載された同表の下欄に掲げる事項とみなす。
>
> | （略） | （略） |
> |---|---|
> | （略） | （略） |
> | （略） | 意匠に係る物品又は意匠に係る建築物若しくは画像の用途（上欄に掲げる製品が建築物又は画像である場合において、当該製品に係る国際登録簿に記録された事項から当該建築物又は画像の用途を認識することができるときに限る。） |
>
> 4　（略）

　意匠法第6条第1項第3号の改正に伴い、第60条の6第3項において、表の上欄に掲げる国際登録簿に記録された「国際登録の対象である意匠を構成する一若しくは二以上の製品又は国際登録の対象である意匠が使用されることとなる一若しくは二以上の製品」を、同表下欄に掲げる同法第6条第1項の規定により提出した願書に記載された「意匠に係る物品又は意匠に係る建築物若しくは画像の用途」とみなす旨を規定した。

また、同項第3号において、建築物及び画像の「用途」を記載事項としていること、また、建築物及び画像に係る意匠の新規性の判断はその用途を勘案して行うことから、国際登録簿に記録された「国際登録の対象である意匠を構成する…製品」の表示が建築物又は画像であった場合には、当該国際登録簿に記録された事項から当該建築物又は画像の用途を認識することができる必要がある。したがって、括弧書きにおいて「上欄に掲げる製品が建築物又は画像である場合において、当該製品に係る国際登録簿に記録された事項から当該建築物又は画像の用途を認識することができるときに限る。」と規定した。

◆意匠法第37条

（差止請求権）

第三十七条　（略）

2　意匠権者又は専用実施権者は、前項の規定による請求をするに際し、侵害の行為を組成した<u>物品、建築物若しくは画像（その画像を表示する機能を有するプログラム等を含む。第六十四条及び第六十五条第一号を除き、以下同じ。）若しくは画像を記録した記録媒体若しくは内蔵する機器（以下「一般画像記録媒体等」という。）又はプログラム等（画像を表示する機能を有するプログラム等を除く。以下同じ。）若しくはプログラム等を記録した記録媒体若しくは記憶した機器（以下「プログラム等記録媒体等」という。）の廃棄</u>、侵害の行為に供した設備の除却その他の侵害の予防に必要な行為を請求することができる。

3　（略）

意匠法第2条第1項において意匠の定義に建築物及び画像を追加したことから、これらについて、その廃棄を請求することができる旨を第37条新

第 2 項に規定した。

　具体的には、意匠の定義に含まれる物品、建築物又は画像に加え、画像を記録した記録媒体又は画像を内蔵する機器を規定した。さらに、平成14年改正において廃棄の対象に含まれる旨が明文化されたプログラム等を規定するとともに、画像についてその記録媒体等を規定するのと同様、プログラム等を記録した記録媒体又は記憶した機器についても規定した。

　なお、同項で定義する「一般画像記録媒体等」は、「画像を記録した記録媒体若しくは内蔵する機器」と規定されているため、同法第 2 条第 2 項新第 3 号で定義する「画像記録媒体等」が「意匠に係る画像を記録した記録媒体若しくは内蔵する機器」と定義されているのとは異なり、同条第 1 項で定義する画像（操作画像、表示画像）以外の画像を記録等したものも含む。これは、侵害行為を組成する画像は、同項の意匠の定義に該当する画像に限らず様々な画像が想定されるためである。

◆意匠法第38条（侵害とみなす行為）

◆意匠法第44条の 3 （回復した意匠権の効力の制限）

◆意匠法第55条（再審により回復した意匠権の効力の制限）

　意匠法第 2 条第 1 項において建築物及び画像を意匠の定義に追加したことに伴い、第38条、第44条の 3 及び第55条においても建築物及び画像について間接侵害行為等を規定した。

　なお、これらの規定については、間接侵害規定の対象拡大のための改正を踏まえた規定の変更もあるため、それらを含めた改正内容の詳細については第 9 章を参照されたい。

◆意匠法第64条

> **（意匠登録表示）**
>
> 第六十四条　意匠権者、専用実施権者又は通常実施権者は、経済産業
> 省令で定めるところにより、登録意匠若しくはこれに類似する意匠
> に係る<u>物品若しくはその包装、建築物又は画像若しくは画像記録媒
> 体等若しくはその包装に当該物品、建築物又は画像</u>が登録意匠又は
> これに類似する意匠に係る旨の表示（以下「意匠登録表示」という。）
> を<u>付する</u>ように努めなければならない。

　意匠法第2条第1項の改正により、建築物及び画像の意匠についても意
匠登録が可能となったことから、これらについても意匠登録表示を付する
行為を規定するよう所要の改正を行った。その際、建築物及び画像につい
てはこれらに包装を付する行為は想定されないことから、包装に意匠登録
表示を付する行為については物品及び画像記録媒体等についてのみ規定す
ることとした。

　また、「附する」が「付する」に改められているが、これは表記の統一
のための形式的な改正である。

◆意匠法第65条

> **（虚偽表示の禁止）**
>
> 第六十五条　何人も、次に掲げる行為をしてはならない。
>
> 　一　登録意匠若しくはこれに類似する意匠に係る<u>物品、建築物又は
> 　　画像若しくは画像記録媒体等以外の物品</u>若しくはその包装、<u>建築
> 　　物又は画像若しくは画像記録媒体等</u>若しくはその包装に意匠登録
> 　　表示又はこれと紛らわしい表示を<u>付する</u>行為
>
> 　二　登録意匠又はこれに類似する意匠に係る物品、建築物又は画像

　　若しくは画像記録媒体等以外の物品、建築物又は画像若しくは画
　　像記録媒体等であつて、当該物品若しくはその包装、建築物又は
　　画像若しくは画像記録媒体等若しくはその包装に意匠登録表示又
　　はこれと紛らわしい表示を付したものについて行う次のいずれか
　　に該当する行為

　　イ　当該物品、建築物又は画像記録媒体等の譲渡、貸渡し又は譲
　　　　渡若しくは貸渡しのための展示をする行為

　　ロ　当該画像の電気通信回線を通じた提供又はそのための展示を
　　　　する行為

　三　登録意匠又はこれに類似する意匠に係る物品、建築物又は画像
　　若しくは画像記録媒体等以外の物品、建築物又は画像若しくは画
　　像記録媒体等について行う次のいずれかに該当する行為

　　イ　当該物品又は画像記録媒体等の製造若しくは使用をさせるた
　　　　め、又は譲渡若しくは貸渡しをするため、広告に当該物品又は
　　　　画像記録媒体等が登録意匠若しくはこれに類似する意匠に係る
　　　　旨を表示し、又はこれと紛らわしい表示をする行為

　　ロ　当該建築物の建築若しくは使用をさせるため、又は譲渡若し
　　　　くは貸渡しをするため、広告に当該建築物が登録意匠若しくは
　　　　これに類似する意匠に係る旨を表示し、又はこれと紛らわしい
　　　　表示をする行為

　　ハ　当該画像の作成若しくは使用をさせるため、又は電気通信回
　　　　線を通じた提供をするため、広告に当該画像が登録意匠若しく
　　　　はこれに類似する意匠に係る旨を表示し、又はこれと紛らわし
　　　　い表示をする行為

　意匠法第2条第1項の改正により、建築物及び画像の意匠についても意
匠登録が可能となったことから、これらについても虚偽表示に当たる行為
を規定するよう所要の改正を行った。その際、建築物及び画像については

これらに包装を付する行為が想定されないことから、包装に意匠登録表示又はこれと紛らわしい表示を付する行為については物品及び画像記録媒体等についてのみ規定することとした。また、新第2号については、有体物（物品等）が対象となる行為と、無体物（画像）が対象となる行為とがあることから、イ、ロに分けて規定し、新第3号については、物品、建築物及び画像それぞれについて製造、譲渡等に当たる行為が異なることから、イ、ロ、ハに分けて規定することとした。

また、「附する」が「付する」に改められているが、これは表記の統一のための形式的な改正である。

（補説）意匠法第39条第1項（損害の額の推定等）の譲渡数量、実施相応数量及び特定数量の取扱い

第39条第1項新第1号は、権利者の製品単位数量当たりの利益の額に、侵害者が譲渡した物品の数量（譲渡数量）であって意匠権者又は専用実施権者の実施の能力に応じた数量（実施相応数量）を超えない部分から、意匠権者が販売することができないとする事情に相当する数量（特定数量）を控除した数量を乗じて得た額を、販売減少に伴う逸失利益額として算出する規定である。また、同項新第2号は、譲渡数量のうち、同条新第1項で販売数量減少に伴う逸失利益の基準となる数量から除外された実施相応数量を超える数量又は特定数量があるときにおいて、これがライセンスの機会を喪失したといえない場合を除いては、ライセンスを擬制し得る場合に限って、実施料相当額をライセンス機会喪失に伴う逸失利益として請求し得ることを規定している。

同項では、「譲渡」した「物品」の数量を規定しているが、これは、意匠に係る「物品」の「譲渡」のみを対象とすることを意味するのではなく、全ての侵害行為を列挙することが困難なため、代表的なケースとして「物品」の「譲渡」の場合を規定したものである。

特許法においても、平成14年改正において、特許法上の「物」の定義に

「プログラム等」が含まれることが規定され、同法第2条第3項第1号において、発明の実施行為に「電気通信回線を通じた提供」を加える改正がなされたが、損害の額の推定等について規定する同法第102条第1項においては、新たに「電気通信回線を通じた提供」の場合を追加的に規定する改正は行わなかった。これは、同項の「譲渡」が、「譲渡」、「貸渡し」、「輸入」等の場合を代表して「譲渡」の場合のみを規定したものとの位置付けであるためである。

　したがって、意匠法第39条第1項においても、建築物の譲渡や画像の電気通信回線を通じた提供等、物品の譲渡以外の場合についても、本規定の算定ルールが妥当する場合には、この考え方を参考にした損害賠償額の算定が可能とされるものと思料される。このため、今回の改正に当たっても、同項において、物品の譲渡に加え、建築物の譲渡や画像の電気通信回線を通じた提供を追加的に規定することはしないこととした。

第２章　創作非容易性水準の明確化

１．改正の必要性

(1)　従来の制度

①　意匠登録の要件（工業上利用可能性、新規性、創作非容易性）

　意匠法第３条は、意匠登録の要件について、(i)「工業上利用することができる意匠」であること（工業上利用可能性、同条第１項柱書）、(ii)意匠が新規なものであること（新規性、同項各号）、そして(iii)意匠が容易に創作できる程度のものでないこと（創作非容易性、同条第２項）の３要件を規定している。

②　創作非容易性の意義

　意匠登録の第３要件である創作非容易性について、意匠法第３条第２項は、「意匠登録出願前にその意匠の属する分野における通常の知識を有する者が日本国内又は外国において公然知られた形状、模様若しくは色彩又はこれらの結合に基づいて容易に意匠の創作をすることができたとき」には、意匠登録を受けることができないと規定している。これは、新規性のある意匠であっても、これが当業者に容易に創作できる意匠であれば、意匠権による保護に値せず、むしろ独占権を付与することによって産業の発達を阻害するおそれすらあることから、意匠権の対象を真に保護価値のあるものに限定すべく、創作非容易性の要件を課したものである。

　具体的には、意匠の構成要素の一部を他の意匠に置き換えた意匠、複数の意匠を組み合わせて一の意匠を構成した意匠、意匠の構成要素の配置をありふれた手法により変更した意匠等については、創作非容易性がないとして、意匠登録を拒絶されることとなる。

③ 「日本国内又は外国において公然知られた形状等」の意味

　創作非容易性の要件について、意匠法第3条第2項は、その意匠の属する分野における通常の知識を有する者（当業者）が、「日本国内又は外国において公然知られた形状、模様若しくは色彩又はこれらの結合」に基づいて容易に意匠の創作をすることができたときは、この要件を満たさないとしている。「公然知られた」とは、秘密の状態にはされておらず、現実に知られていることと解され、「日本国内又は外国において、現実に不特定又は多数の者に知られたという事実が必要であると解すべき」（知財高判平成30年5月30日）と判示されていた。

(2)　改正の必要性

　近年の情報技術の発達により、より多くのデザインが刊行物やインターネット上で公開されるようになっている。刊行物やインターネット上で公開された意匠についても、これに基づいて容易に意匠の創作をすることができた場合には、独自の創作性を有さず、意匠権による保護に値しない。しかしながら、単に刊行物やインターネット上で公開された意匠については、一部の出願人からは必ずしも「現実に知られている」、「現実に不特定又は多数の者に知られた」ということはできないと主張されており、実際、近年の意匠審査においても、特許庁とかかる出願人との間で、規定の解釈に齟齬が生じる事態となっている。

　また、各国企業がデザインによる製品やサービスの付加価値の向上を図っている中、我が国においても真に価値のあるデザインを保護すべく、創作非容易性の水準を明確にすることが喫緊の課題となっている。

　上記状況に鑑みれば、創作非容易性の要件に関して、意匠が刊行物やインターネット上で公開されている場合についても、創作非容易性の判断要素となることを明示することが望ましい。

２．改正の概要

　意匠法第３条第２項に規定している創作非容易性の水準を明確化し、刊行物やインターネット上で公開された形状等に基づいて当業者が容易に創作をすることができた意匠についても拒絶、無効の対象となるように規定し、創作性の高い意匠を的確に保護できるよう措置を講じた。

３．改正条文の解説

◆意匠法第３条

> （意匠登録の要件）
>
> 第三条　（略）
>
> 2　意匠登録出願前にその意匠の属する分野における通常の知識を有する者が日本国内又は外国において公然知られ、頒布された刊行物に記載され、又は電気通信回線を通じて公衆に利用可能となつた形状等又は画像に基づいて容易に意匠の創作をすることができたときは、その意匠（前項各号に掲げるものを除く。）については、同項の規定にかかわらず、意匠登録を受けることができない。

　第３条第２項を改正し、創作非容易性の水準を明確化し、頒布された刊行物に記載された形状等、電気通信回線を通じて公衆に利用可能となった形状等に基づいて容易に創作できた意匠についても登録を受けることができないものとした。

　また、画像を意匠の定義に追加したことに伴い、日本国内又は外国において公然知られ、頒布された刊行物に記載され、又は電気通信回線を通じて公衆に利用可能となった画像に基づいて容易に創作できた意匠について

も登録を受けることができないものとした。

第3章　意匠登録出願手続の簡素化

1．改正の必要性

(1)　従来の制度

　意匠法第7条は、意匠登録出願は、経済産業省令で定める物品の区分により意匠ごとにしなければならない旨を規定しており、この「出願は意匠ごとにしなければならない」という原則は「一意匠一出願の原則」と呼ばれる。これは、一つの図面に多くの意匠を記載して出願することを未然に防ぐための注意規定であるとされ、「意匠ごとに出願」するとは、「一物品」について「一意匠」を表して出願することをいう。

　また、同条は、意匠登録出願は「経済産業省令で定める物品の区分により」しなければならないと規定しており、これを受けて、意匠法施行規則（昭和35年通商産業省令第12号）別表第1は、約2,400の「物品の区分」を規定している。例えば、同表第1は区分「十一　室内装飾品」の物品群「花器」の中で、物品区分として「花瓶」を規定している。出願人が同法第6条第1項第3号で願書に記載する旨を規定している「意匠に係る物品」として、「花器」と記載した場合、「花瓶」と記載した場合に比べて、広範な意匠の出願を認めてしまうこととなり、適当ではない。よって、出願や審査の便宜という観点から願書に記載すべき物品の粒度を揃えるために、経済産業省令で「物品の区分」を定めることとしていた。

(2)　改正の必要性
①　物品の区分の柔軟化の必要性

　近年の急速な技術革新に伴い、多様な新製品が次々と市場に流通する中、新製品の登場の度に物品区分表を機動的に改定することは困難であり、ど

の物品の区分にも当てはまらないという不都合を回避するためには、より柔軟な出願手続を設けることが適当である。

②　出願手続の簡素化の必要性

　近年、自社製品に共通の一貫したデザインコンセプトを用いることでブランド価値を高める企業が増えており、これを支援する観点からは、一の願書による複数意匠の一括出願を認めることで、出願人の負担を軽減することが求められている。

　例えば、同一のコンセプトに基づく形状や模様を別々の物品（コーヒー椀、湯飲み、コップ等）に応用する場合、同一の形状や模様であろうとも物品が異なるため、意匠法第7条の「出願は意匠ごとに」という規定から、個別の意匠登録出願が必要となっている。出願人からは意匠ごとに意匠登録出願を行うことは手続上負担が重く、意匠登録出願を同時に複数の意匠についてする場合における手続の簡素化が求められている。

２．改正の概要

　今般、出願手続の簡素化の観点から、経済産業省令で定める「物品の区分」を廃止する改正を行うとともに、一の願書による複数の意匠についての意匠登録出願を認めることとした。

３．改正条文の解説

◆意匠法第7条

（一意匠一出願）
第七条　意匠登録出願は、経済産業省令で定めるところにより、意匠ごとにしなければならない。

急速な技術革新に伴って多様な新製品が流通する中、出願人の便宜の観点から、より柔軟な出願手続を設けることが必要であるため、「経済産業省令で定める物品の区分により」の部分を削除するとともに、「意匠ごと」と規定される客体である「一意匠」の対象が不明確となる恐れがあるため、本条において「経済産業省令で定めるところにより、意匠ごとにしなければならない」と規定し、「一意匠」の対象となる「一物品」、「一建築物」、「一画像」の基準について、経済産業省令で定めることとした。

　これに加えて、本条の「経済産業省令」においては、複数の意匠に係る出願を一の願書により行う手続についても規定することとした。

第4章　組物の意匠の拡充

1．改正の必要性

(1)　従来の制度

①　組物の意匠

　意匠法第8条は「同時に使用される二以上の物品であつて経済産業省令で定めるもの（以下「組物」という。）を構成する物品に係る意匠は、組物全体として統一があるときは、一意匠として出願をし、意匠登録を受けることができる。」と規定している。

　同法第7条は一つの物品について一つの意匠が成立するという「一物品一意匠」の原則を規定していたが、デザインの分野では、二以上の物品について全体的な統一感を持たせた創作が行われる場面も多い。

　これを受けて、同法第8条は、物品一組（組物）全体として統一があるときは、一物品一意匠の例外として、組物の意匠として一つの意匠権を付与することを認めている。

②　組物の意匠の要件

　組物の意匠として意匠登録が認められるためには、下記2要件が必要となる。

(i)　「同時に使用される二以上の物品であつて経済産業省令で定めるもの」

　組物の意匠の対象となる物品は、同時に使用される二以上の物品であって、意匠法施行規則別表第2（第8条関係）に掲げる組物の品目に該当するものでなければならない。同表には、例えば、「一組の食卓用皿及びコップセット」（第15号）、「一組のディナーセット」（第17号）、「一組の応接家

具セット」（第21号）等が規定されている。

(ii) 「組物全体として統一がある」こと

組物の意匠の対象となる物品群には、「組物全体として統一がある」ことが必要となる。具体的には、構成物品の形状等が同じような造形処理で表されている場合、構成物品が全体として一つのまとまった形状又は模様を表している場合、各構成物品の形状等によって物語性（組物を構成する物品に観念上共通する模様等を配することで統一感をもたらすこと）等の観念的に関連がある印象を与える場合等には、「組物全体として統一がある」とされている。

③ 組物の意匠と部分意匠

現行の意匠法第2条第1項は、「「意匠」とは、物品（物品の部分を含む。第八条を除き、以下同じ。）の形状…」と規定しており、組物の一部分については、意匠登録ができないこととなっている。

これは、部分意匠制度を創設した平成10年当時、意匠の出願件数が約4万件（平成30年は約3.1万件）に上り審査遅延が問題となっていたところ、組物の意匠にまで部分意匠を認めた場合、出願件数が急増し、更に出願の滞貨累積問題が深刻化するおそれがあったこと、組物の意匠の保護価値はその全体の組合せが有する美感にあり、部分に係る創作を評価する部分意匠の出願を認める必要はないことから、組物の部分意匠を認めないこととしたものである。

2．改正の必要性

(1) 組物の部分意匠の導入
① 審査の効率化とデザイン戦略の変化

上述のとおり平成10年当時は、組物の部分意匠の導入を見送ったが、近

98

年、意匠審査の効率化や出願件数の減少に伴い、審査期間が大幅に短縮され（FA期間（出願から一次審査通知までの期間）について、平成10年度：約18か月に対し、平成30年度：約6か月）、意匠登録出願の滞貨累積問題が概ね解消されている。

　また、昨今、電子商取引の増加に伴い、B to C分野の市場規模が急速に拡大するにつれて、商品の多様化が進み、商品の基幹部分は同一であるが、その細部について多様な形状等をあしらうものが増加してきている。企業のデザイン戦略としても、製品の基幹部分には共通の形状等を用いて、製品群一体としてブランド化を図る動きが加速している。

②　組物の部分意匠の導入の必要性

　上記デザイン戦略の変化を受けて、組物の意匠についても組物を構成する物品の一部に特徴的なデザインを施したものについて、その部分の意匠に着目して組物の意匠として登録したいとのニーズが増えている。

　これに対しては、物品の一部に特徴的なデザインをあしらった物品の組合せ全体について組物の意匠として登録すれば良いようにも思われるが、当該組物の意匠の非基幹部分の形状等を変更した模倣品を他者が販売した場合、当該組物の意匠とは全体として形状等が異なるため、当該組物の意匠の意匠権によってこれを排除することができない可能性が高い。また、物品の一部に特徴的なデザインを付した物品を組物としてではなく、個別に部分意匠登録をすれば良いようにも思われるが、組物を構成する物品一つ一つについて意匠登録が必要となるため、権利取得及び維持のための費用負担が過大なものとなる。

　上記状況に鑑みれば、組物の部分意匠の登録を可能とする必要がある。

(2)　建築物、画像の組物の意匠

　今般の改正で、建築物及び画像を「意匠」の定義に追加したが（意匠法第2条新第1項）、建築物や画像についても、複数集まって全体として統

一がある意匠を構成することがある。組物全体として統一があるデザインを一意匠として保護するという組物の意匠の趣旨は、複数の建築物及び複数の画像が全体として統一があるようにデザイン創作が行われた場合にも当てはまるものである。

　また、同時に使用される二以上の物品、建築物又は画像の「一部」に特徴的なデザインを施した場合であっても、その基幹部分が共通する形状等を有し、当該二以上の物品、建築物又は画像全体として統一感を持たせたデザイン創作が行われている場合には、上述した組物の部分意匠の趣旨が、同様に当てはまる。

２．改正の概要

　意匠法第２条第１項を改正し、組物の意匠についても、部分意匠の登録を認めるとともに、意匠の保護対象に建築物及び画像を追加することに伴い、同法第８条の「物品」を「物品、建築物又は画像」に改正することとした。

３．改正条文の解説

◆意匠法第２条

> （定義等）
> 第二条　この法律で「意匠」とは、物品（物品の部分を含む。以下同じ。）の形状、模様若しくは色彩若しくはこれらの結合（以下「形状等」という。）、建築物（建築物の部分を含む。以下同じ。）の形状等又は画像（機器の操作の用に供されるもの又は機器がその機能を発揮した結果として表示されるものに限り、画像の部分を含む。次条第二項、第三十七条第二項、第三十八条第七号及び第八号、第

> 四十四条の三第二項第六号並びに第五十五条第二項第六号を除き、以下同じ。）であつて、視覚を通じて美感を起こさせるものをいう。
>
> 2・3　（略）

　意匠法では、第2条第1項において、「「意匠」とは、物品（物品の部分を含む。第八条を除き、以下同じ。）の形状…」と規定されていたところ、今般の改正において、組物についても部分意匠を認めることとしたことから、同法第8条を除く旨の規定を削除することとした。

◆意匠法第8条

> （組物の意匠）
> 第八条　同時に使用される二以上の物品、<u>建築物又は画像</u>であつて経済産業省令で定めるもの（以下「組物」という。）を構成する物品、<u>建築物又は画像</u>に係る意匠は、組物全体として統一があるときは、一意匠として出願をし、意匠登録を受けることができる。

　今般、意匠の保護対象に建築物及び画像を追加することに伴い、建築物や画像についても、複数集まって全体として統一がある意匠を構成することがあることから、第8条の「物品」を「物品、建築物又は画像」に改正し、二以上の建築物又は画像であって経済産業省令で定めるものを構成するものに係る意匠も、組物全体として統一があるときは、一意匠として出願をし、意匠登録を受けることができる旨を規定した。

第5章　内装の意匠の保護

1．改正の必要性

(1)　従来の制度

　前述のとおり、意匠法では、一つの物品について一つの意匠が成立するという考え方が採用されており、原則として複数物品に一つの意匠を成立させることはできない。また、同法第7条は、意匠登録出願は意匠ごとにしなければならない旨を規定しており、この原則は「一意匠一出願の原則」と呼ばれているが、上記原則の例外として、同法第8条は組物の意匠について規定している。組物の意匠は、複数の物品が一組として同時に使用されるものの場合、組物全体として統一があるときは、組物の意匠として一出願で意匠登録を受けることができるものである。

(2)　改正の必要性

　昨今、モノのデザインのみならず、空間全体のデザインを重視する観点から、企業が店舗等のデザイン、特に内装のデザインに特徴的な工夫を凝らしてブランド価値を創出し、サービスの提供や製品の販売を行う事例が増えている。企業のブランド価値の創出という観点からは、こうした店舗等の内装のデザインは、重要な要素となっている。

　また、近年、オフィス家具・関連機器を扱う企業が、自社の製品を用いつつ、特徴的なオフィスデザインを設計し、顧客に提供する事例が生じている。

　これらの内装デザインは、多額の投資を行った上で設計されており、これが容易に模倣されるようであれば、企業競争力の源泉たるデザイン投資の収縮を招くこととなる。

　近年保護ニーズが高まっている内装デザインについては、前述の組物の
意匠として保護することが考えられるが、その対象となる「組物」は、意
匠法第8条において「同時に使用される二以上の物品であつて経済産業省
令で定めるもの」と規定されており、また、「物品」は「有体物である動産」
を意味している。よって、不動産たる建築物の一部（壁、天井、床等）の
装飾については、これを組物の意匠とすることができない。

　さらに、組物を構成する物品に係る意匠については、「組物全体として
統一があるとき」に限り、意匠登録を受けることができるとされるが、内
装デザインとは、家具や什器の組合せや配置、壁や床の装飾等によって醸
成される統一的な美感を起こさせるものであり、組物の意匠とは性格を異
にするものである。よって、「全体として統一があるとき」にのみ保護す
ることとしている組物の意匠として保護することは適切ではない。

2．改正の概要

　家具や什器等の複数の物品等の組合せや配置、壁や床等の装飾により構
成される内装が、全体として統一的な美感を起こさせるようなときは、一
意匠一出願の例外として一つの意匠として意匠登録を受けることができる
よう、意匠法新第8条の2に内装の意匠の登録に関する規定を新設するこ
ととした。

3．改正条文の解説

◆意匠法第8条の2（新設）

（内装の意匠）

第八条の二　店舗、事務所その他の施設の内部の設備及び装飾（以下
　「内装」という。）を構成する物品、建築物又は画像に係る意匠は、

内装全体として統一的な美感を起こさせるときは、一意匠として出
　　願をし、意匠登録を受けることができる。

(1)　内装の意匠の対象
①　対象施設

　対象施設については、まず、店舗デザインに投資して独創的な意匠を凝
らし、ブランド価値を創出して製品・サービス等の付加価値や競争力を高
める事例が増えていることから、「店舗」を規定した。次に、オフィスデ
ザインについてもデザイン開発を促進すべく、「事務所」について規定した。
さらに、店舗や事務所以外でも内装の意匠を保護すべき施設が存在し得る
ことから、これらを例示とすべく、「店舗、事務所その他の施設」と規定
した。

②　内装の意匠の構成要素

　内装の意匠の構成要素としては、店舗や事務所の内部の什器（机、椅子、
ソファ、棚、台、カウンター、照明等）や床、壁、天井等の装飾等を想定
している。条文上はこれらを「施設の内部の設備及び装飾（以下「内装」
という。）を構成する物品、建築物又は画像」と規定した。

(2)　内装の意匠の登録要件

　内装の意匠の本質は、家具や什器の組合せや配置、壁や床の装飾等によっ
て統一的な美感が醸成される点にあり、この点がデザインとしての価値と
なる。これを踏まえ、組物の意匠と同様、一意匠一出願の原則の例外とし
て、内装の意匠の登録を認める要件として、内装を構成する物品、建築物
又は画像に係る意匠が、「内装全体として統一的な美感を起こさせるとき」
と規定した。

　内装における「統一的な美感」が認められる例としては、①家具や什器、

壁や床等に共通の材質や模様等を用いている場合、②壁や床等の装飾、家具や什器を共通するコンセプトに基づいて構成している場合等が想定される。

【関連する改正事項】
◆意匠法第17条（拒絶の査定）

　今般の改正における内装の意匠の追加に伴い、内装の意匠の意匠登録の要件（意匠法新第8条の2）を満たしていない場合を、拒絶査定について規定する第17条に追加した。

第6章　関連意匠制度の拡充[1]

1．改正の必要性

(1)　従来の制度

①　関連意匠制度の概要

　意匠法は、同一又は類似の意匠について二以上の出願が競合した場合、異なる日の出願の場合には最先の出願人のみに（同法第9条第1項）、同日出願の場合には出願人間の協議により一の出願人のみに（同条第2項）登録を認める先願主義を採っている。先願主義を採用する以上、同一・類似の意匠について権利の重複は認められない。

　一方、デザイン開発においては、一つのデザインコンセプトから多くのデザインバリエーションに係る意匠が同時期に創作されることが多い。先願主義を貫徹すれば、デザインバリエーションの一つについては意匠登録が可能であるが、その他の類似する意匠については意匠権で保護することができないこととなる。

　平成10年に創設された関連意匠制度は、自己の意匠登録出願のうちから選択した一つの意匠を本意匠として登録するとともに、これに類似する意匠についても、関連意匠として登録できる制度であり、先述の先願主義を修正するものである。

②　関連意匠の出願可能期間

　平成10年時点では、関連意匠について本意匠との同日出願のみが認めら

1　関連意匠制度の拡充及び間接侵害規定の対象拡大に関する検討及び本書の執筆については、意匠審査官の鈴木康平氏に多大なる協力を頂いた。

れていたが、その後、当初製品投入後に需要動向を見ながら追加的にデザインバリエーションを開発する企業戦略が広まり、市場投入が想定される全ての関連意匠を本意匠出願時に準備することは困難であると頓に指摘されるようになった。こうしたデザイン戦略の機動化や多様化を受けて、平成18年改正により、関連意匠の出願時期について、本意匠と同日出願から、本意匠の意匠登録出願が掲載された意匠公報の発行の日前に改められた。

③　保護の無限連鎖の回避

　意匠法第10条第3項は、「第一項の規定により意匠登録を受ける関連意匠にのみ類似する意匠については、意匠登録を受けることができない。」と規定している。これは、本意匠とは非類似である関連意匠にのみ類似する意匠については、保護の無限連鎖を回避するために、意匠登録しない旨を規定したものである。

⑵　改正の必要性

　近年、世界中の企業が、技術だけでなくデザインによる競争力の強化を図る中、自社製品に共通の一貫したデザインコンセプトを用いることで独自の世界観を築き上げ、製品の付加価値を高める動きが加速している。こうしたデザイン戦略は、一貫したデザインコンセプトに基づき、市場動向等を踏まえて製品等のデザインを長期的に進化させていく手法であるが、従来の関連意匠制度では、これに対応できない。

　具体的には、①関連意匠の出願可能期間が本意匠の意匠公報発行前まで（本意匠出願から8か月程度（平成30年時点））に限定されていることから、長期的な市場動向等に応じて関連意匠を保護することはできず、さらに、②類似する意匠を連鎖的に保護することができないことから、進化していく意匠を保護することができない。

　上記状況に鑑みれば、一貫したデザインコンセプトによるブランド構築を支援するため、①出願可能期間及び②関連意匠として登録可能な範囲に

おいて、関連意匠制度の拡充が求められているといえる。

2．改正の概要

　本意匠の意匠登録出願が掲載された意匠公報の発行の日前に出願された場合のみ関連意匠の登録を認めるものとする意匠法第10条第1項を改正し、本意匠の意匠登録出願の日から10年を経過する日前に出願されれば、意匠登録を受けることができるものとした。また、関連意匠にのみ類似する意匠は登録できないとする同条第3項を削除し、関連意匠に類似する意匠を連鎖的に保護できるものとした。さらに、これらの改正に伴い、必要な規定の整備を行うこととした。

3．改正条文の解説

(1)　関連意匠の登録可能な出願期間
◆意匠法第10条

> （関連意匠）
> 第十条　意匠登録出願人は、自己の意匠登録出願に係る意匠又は自己の登録意匠のうちから選択した一の意匠（以下「本意匠」という。）に類似する意匠（以下「関連意匠」という。）については、当該関連意匠の意匠登録出願の日（<u>第十五条第一項において準用する特許法第四十三条第一項、第四十三条の二第一項</u>又は第四十三条の三第一項若しくは第二項の規定による優先権の主張を伴う意匠登録出願にあつては、最初の出願若しくは千九百年十二月十四日にブラッセルで、千九百十一年六月二日にワシントンで、千九百二十五年十一月六日にヘーグで、千九百三十四年六月二日にロンドンで、千九百五十八年十月三十一日にリスボンで及び千九百六十七年七月十四日にストックホ

ルムで改正された工業所有権の保護に関する千八百八十三年三月
二十日のパリ条約第四条C(4)の規定により最初の出願とみなされた出
願又は同条A(2)の規定により最初の出願と認められた出願の日。以下
この項において同じ。）がその本意匠の意匠登録出願の日以後であつ
て、当該本意匠の意匠登録出願の日から十年を経過する日前である場
合に限り、第九条第一項又は第二項の規定にかかわらず、意匠登録を
受けることができる。ただし、当該関連意匠の意匠権の設定の登録の
際に、その本意匠の意匠権が第四十四条第四項の規定により消滅して
いるとき、無効にすべき旨の審決が確定しているとき、又は放棄され
ているときは、この限りでない。

2～8　（略）

①　関連意匠の登録可能な出願期間の延長

　一貫したコンセプトに基づいて製品等のデザインを進化させ、ブランド
を構築する観点からは、関連意匠の出願を意匠公報発行日以降も可能とす
ることが望ましい。このため、関連意匠の登録可能な出願期間を定める第
10条第1項について、「本意匠の意匠登録出願の日以後であつて、当該本
意匠の意匠登録出願の日から十年を経過する日前」までに出願された意匠
であれば、関連意匠の登録を認めることとした。

②　関連意匠の設定登録の条件

　今回の改正で意匠公報の発行の日後についても、関連意匠の出願が認め
られることになるが、本意匠が登録料未納等で消滅した後にまで関連意匠
の登録を認めると、一度本意匠の消滅によりパブリック・ドメインとなっ
た意匠が後に登録された関連意匠の権利範囲に含まれてしまい、第三者を
害するため、適切でない。

　よって、関連意匠の設定登録時に本意匠の意匠権が存続していることを

要件とすべく、新第１項に「ただし、当該関連意匠の意匠権の設定の登録の際に、その本意匠の意匠権が第四十四条第四項の規定により消滅しているとき、無効にすべき旨の審決が確定しているとき、又は放棄されているときは、この限りでない。」とするただし書を追加した。

(2)　関連意匠の登録における新規性要件及び創作非容易性要件の適用除外
◆意匠法第10条

（関連意匠）

第十条　（略）

2　第三条第一項第一号又は第二号に該当するに至つた自己の意匠のうち前項の規定により意匠登録を受けようとする意匠の本意匠と同一又は類似のものは、当該意匠登録を受けようとする意匠についての同条第一項及び第二項の規定の適用については、同条第一項第一号又は第二号に該当するに至らなかつたものとみなす。

3〜8　（略）

今回の改正により、関連意匠の登録可能な出願期間が延長されるが、本意匠の意匠公報発行後に関連意匠について出願した場合、関連意匠の出願時には本意匠が意匠公報発行や自己実施などにより公知となっていることが考えられることから、いずれの場合も意匠法第３条第１項第１号又は第２号の意匠に該当し、本意匠と類似する関連意匠の出願は拒絶されてしまう。これを避けるため、関連意匠についての同項及び同条第２項の適用について、適用除外を設ける必要がある。

したがって、公報発行によって公知となった本意匠や、出願後に製造、販売等された実施品は新規性及び創作非容易性の要件の判断において公知意匠となるに至らなかったものとみなす一方、他人の登録意匠や他人の公知意匠、自己の実施品や自己の消滅した登録意匠によって公知となった意

匠のうち本意匠と類似しないものに関しては、既に他人の意匠権の保護範囲となっている、又は、パブリック・ドメインとなっていることから、これらについては原則どおり、新規性及び創作非容易性の判断において考慮することが必要である。これを規定すべく、「第三条第一項第一号又は第二号に該当するに至つた自己の意匠のうち、本意匠と同一又は類似の意匠」については、新規性及び創作非容易性の要件の判断において公知意匠となるに至らなかったものとみなす旨を規定した。

[第3条第1項及び第2項の適用除外とならず、関連意匠登録ができない例]

登録不可能な例①
関連意匠が他人の公知となった登録意匠に類似する場合

登録不可能な例②
関連意匠が他人の公知意匠に類似する場合

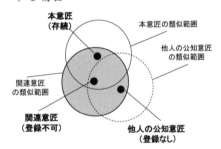

登録不可能な例③
関連意匠が自己実施品（本意匠に類似しない）に類似する場合

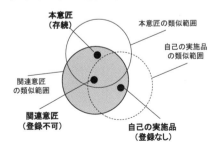

⑶　関連意匠の登録における意匠法第３条の２の適用除外

◆意匠法第10条

（関連意匠）

第十条　（略）

2　（略）

3　第一項の規定により意匠登録を受けようとする意匠についての第
三条の二ただし書の規定の適用については、同条ただし書中「同条
第四項の規定により同条第三項第四号に掲げる事項が掲載されたも
のを除く。)」とあるのは、「当該先の意匠登録出願について第十四
条第一項の規定により秘密にすることを請求したときは、第二十条
第四項の規定により同条第三項第四号に掲げる事項が掲載されたも
のに限る。)」とする。

4～8　（略）

---

①　意匠法第３条の２の趣旨

　意匠法第３条の２は、意匠登録の要件として、意匠登録を受けようとす
る後願の意匠が、その意匠の出願後に意匠公報に掲載された先願意匠の一
部と同一又は類似の意匠である場合については、意匠登録を受けることが
できない旨を規定したものであり、平成10年に新設された。

　しかし、平成10年以降、製品全体から個々の部品の順にデザインが決定
している開発実態が広まったこと、また、模倣品被害の増加を背景に、市
場において成功した製品デザインの独自性の高い部分を模倣する問題が生
じていたこと等から、部品の意匠や部分意匠の意匠権の取得を戦略的に行
いたいというニーズが生じてきた。こうした背景を受けて、平成18年改正
により同条にただし書が追加され、先願の意匠公報の発行の日前までに同
一人がした出願については、同条本文の規定に該当する場合でも拒絶され

ないこととされた。

②　意匠法第3条の2ただし書と秘密意匠の関係

　意匠法では、意匠は物品の外観であり模倣されやすいことから、意匠登録出願人が意匠権の設定登録の日から最長3年間、登録した意匠の内容を公開せず、秘密にしておくことを請求できる秘密意匠制度（意匠法第14条）が設けられている。秘密意匠の意匠権が発生したときには、意匠権者の氏名等のみが意匠公報に掲載され、当該意匠に関する「願書及び願書に添付した図面、写真、ひな形又は見本の内容」は、秘密指定された期間中は秘密とされ、当該期間の経過後に遅滞なく意匠公報に掲載されることになる（同法第20条第4項）。

　平成18年に追加された同法第3条の2ただし書においては、先願の意匠公報の発行の日前までに同一人がした出願については、同条本文の規定に該当する場合でも拒絶されないこととされたが、この先願の意匠公報は「同条第四項の規定により同条第三項第四号に掲げる事項が掲載されたものを除く」と規定されているため、先願が秘密意匠の場合、当該先願の秘密期間中に出願された後願は、同一出願人による場合であっても拒絶されることとされた。これは、先願の秘密期間中に同一人がした出願についても意匠登録を可能としてしまうと、他人の出願意匠や公知意匠との間で権利関係が抵触する蓋然性が高まるためである。

③　意匠法第3条の2ただし書と関連意匠制度の関係

　関連意匠出願が自己の秘密意匠として意匠登録を受けようとしている先願意匠の一部と類似する場合、②に記載のとおり、先願の意匠が秘密意匠として意匠公報に掲載される（意匠法第20条第3項及び第4項）までの間は、同法第3条の2ただし書により、関連意匠の登録が可能である。また、先願の秘密解除後は、今回の改正で新設する同法第10条第2項の規定により、先願が同法第3条第1項及び第2項の適用除外の対象となるため、関

113

連意匠の登録が可能となる。しかしながら、意匠公報発行から秘密解除までの期間は、同法第3条の2ただし書も同法第10条新第2項も適用されないため、同法第3条の2の規定により、関連意匠出願が拒絶されることとなる。

よって、関連意匠出願については、同一人による出願についての同法第3条の2の適用除外を意匠公報発行から秘密解除まで延長すべく、同条中「同条第四項の規定により同条第三項第四号に掲げる事項が掲載されたものを除く。)」とあるのは、「当該先の意匠登録出願について第十四条第一項の規定により秘密にすることを請求したときは、第二十条第四項の規定により同条第三項第四号に掲げる事項が掲載されたものに限る。)」とする読替規定を置くこととした。これにより、出願から秘密解除までは同法第3条の2ただし書により、秘密解除後は同法第10条新第2項の規定により、それぞれ先願が同法第3条の2本文並びに同法第3条第1項及び第2項の適用除外の対象となることになる。

(4) 関連意匠にのみ類似する意匠の登録
◆意匠法第10条

（関連意匠）

第十条 （略）

2・3 （略）

4 第一項の規定により意匠登録を受ける関連意匠にのみ類似する意匠については、当該関連意匠を本意匠とみなして、同項の規定により意匠登録を受けることができるものとする。当該意匠登録を受けることができるものとされた関連意匠にのみ類似する意匠及び当該関連意匠に連鎖する段階的な関連意匠にのみ類似する意匠についても、同様とする。

5 前項の場合における第一項の規定の適用については、同項中「当

　該本意匠」とあるのは、「当該関連意匠に係る最初に選択した一の
　意匠」とする。
　<u>6～8</u>　（略）

①　連鎖する関連意匠の保護

　関連意匠に類似する意匠を連鎖的に保護するために、第10条新第4項前
段において、同条新第1項により意匠登録を受ける関連意匠にのみ類似す
る意匠であっても、当該関連意匠（第一関連意匠）を本意匠とみなして同
項の規定により意匠登録を受けることができるものとする旨を規定した。
また、同条新第4項後段において、当該意匠登録を受けることができるも
のとされた関連意匠（第二関連意匠）にのみ類似する意匠及び当該関連意
匠に連鎖する段階的な関連意匠にのみ類似する意匠についても、第三関連
意匠、第四関連意匠…として意匠登録を受けることができると規定した。
　なお、第二関連意匠が、第一関連意匠にのみ類似する場合に加えて、第
一関連意匠の本意匠とも類似する場合であっても、本項の規定の適用を受
けることができる。

②　連鎖する関連意匠の登録可能な出願期間

　上述のとおり、第二関連意匠以降の関連意匠については、その直前の関
連意匠を本意匠とみなして第10条新第1項の規定を準用し、連鎖的に関連
意匠の登録を受けられるものとするが、この際の必要な同項の読替規定を
同条新第5項に規定した。
　すなわち、関連意匠の登録可能な出願期間については、本意匠の出願か
ら10年間とするが、第二関連意匠以降の関連意匠について、その直前のみ
なし本意匠の出願から10年間としてしまうと、関連意匠の連鎖によって一
つの意匠群が永続的に保護されることとなり、不適切である。よって、第
二関連意匠以降の関連意匠の登録可能な出願期間については、最初に出願

された本意匠の出願から10年間とすることが適切である。したがって、同条新第5項において、「前項の場合における第一項の規定の適用については、同項中「当該本意匠」とあるのは、「当該関連意匠に係る最初に選択した一の意匠」とする。」と規定することとした。

なお、同条新第1項ただし書中の「本意匠」についてはこの読替規定が適用されないため、第二関連意匠以降の関連意匠の登録に際しては、最初に出願された本意匠ではなく、直前のみなし本意匠の意匠権が存続していることが要件となる。

(5) 関連意匠についての専用実施権の設定
◆意匠法第10条

（関連意匠）

第十条　（略）

2〜5　（略）

6　本意匠の意匠権について専用実施権が設定されているときは、その本意匠に係る関連意匠については、第一項及び第四項の規定にかかわらず、意匠登録を受けることができない。

7・8　（略）

意匠権者はその意匠権について専用実施権という排他的独占権を設定することができるが（意匠法第27条第1項）、本意匠又は関連意匠の意匠権についての専用実施権は、本意匠及び全ての関連意匠の意匠権について、同一の者に対して同時に設定する場合に限り、これを設定することができると規定されている（同条第1項ただし書）。これは、本意匠と関連意匠には権利の重複部分があるため、本意匠や関連意匠の一部にのみ専用実施権を設定した場合や、別々の者に専用実施権が設定された場合に、専用実施権の重複部分について二以上の者に排他権が成立することになり適切で

ないことから規定されたものである。

　また、現行の第10条第2項は、意匠法第27条第1項ただし書に基づいて専用実施権を設定した本意匠やその関連意匠があるにもかかわらず、その後日に同項ただし書に反する新たな関連意匠の意匠権が発生することを防ぐために、本意匠の意匠権について専用実施権が設定されているときは、その本意匠に係る関連意匠について、意匠登録を受けることができない旨を規定している。

　今般の改正で連鎖する関連意匠の登録を認めることとするが、本意匠、関連意匠、第二関連意匠…のうちいずれか一部のみに専用実施権の設定を認めてしまうと、専用実施権の重複部分について二以上の者に排他権が成立することから適当ではない。よって、第一関連意匠については、その本意匠の意匠権に専用実施権が設定されている場合は意匠登録を受けることができない旨を、第二関連意匠については、当該第二関連意匠の登録に際し第10条新第4項の規定により本意匠とみなされる意匠（第一関連意匠）の意匠権に専用実施権が設定されている場合は意匠登録を受けることができない旨をそれぞれ規定する必要がある。このため、本意匠の意匠権について専用実施権が設定されている場合について、同条新第1項及び新第4項の規定にかかわらずその本意匠に係る関連意匠について意匠登録を受けることができない旨を規定した。

(6)　関連意匠相互の取扱い
◆意匠法第10条

（関連意匠）

第十条　（略）

<u>2</u>～<u>6</u>　（略）

<u>7</u>　関連意匠の意匠登録出願があつた場合において、当該意匠登録出願が基礎意匠（当該関連意匠に係る最初に選択した一の意匠をいう。

以下同じ。）に係る関連意匠（当該基礎意匠の関連意匠及び当該関連意匠に連鎖する段階的な関連意匠をいう。以下同じ。）にそれぞれ該当する二以上の意匠の意匠登録出願であつたときは、これらの意匠については、第九条第一項又は第二項の規定は、適用しない。

8　前項に規定する場合において、第三条第一項第一号又は第二号に該当するに至つた自己の意匠のうち当該基礎意匠に係る関連意匠（当該関連意匠の意匠登録出願が放棄され、取り下げられ、若しくは却下されたとき、若しくは当該関連意匠の意匠登録出願について拒絶をすべき旨の査定若しくは審決が確定したとき、又は当該関連意匠の意匠権が第四十四条第四項の規定により消滅したとき、無効にすべき旨の審決が確定したとき、若しくは放棄されたときを除く。）と同一又は類似のものは、第一項の規定により意匠登録を受けようとする意匠についての第三条第一項及び第二項の規定の適用については、同条第一項第一号又は第二号に該当するに至らなかつたものとみなす。

① **先願主義の適用除外**

現行の第10条第４項は、ある本意匠に係る複数の関連意匠が登録される場合、これらの関連意匠が相互に類似しているときは、当該関連意匠同士にも先願主義（意匠法第９条第１項及び第２項）の規定が適用されない旨を確認的に規定している。

上記規定の趣旨は、連鎖する関連意匠の登録を認めた後でも妥当するため、第10条新第７項において同様の規定を設ける必要がある。その際、同項の「本意匠」は、当該関連意匠に係る最初に選択した一の意匠を指す旨規定する必要がある。

すなわち、第10条新第７項において、最初の本意匠と同条新第１項の規定により登録を受ける関連意匠及び同条新第４項の規定により本意匠とみ

118

なされる意匠と同項の規定により新たに登録可能となる関連意匠との関係のみを規定する場合、例えば、本意匠Xに二つの関連意匠A・Bが既に登録されており、この関連意匠A・Bの両方に類似する意匠Cを関連意匠Aの関連意匠として出願しようとする場合、関連意匠Bは意匠Cの本意匠に当たらないため、意匠Cは関連意匠Bに類似することを理由に拒絶されることとなる（下図参照）。このような事例において意匠Cを登録できないとする場合、一貫したコンセプトに基づき開発された意匠を連鎖的に保護できるようにするという今般の改正趣旨に反する。

　このため、このような場合にも関連意匠の登録を可能とするよう、最初の本意匠が共通する関連意匠全てについて同法第9条第1項及び第2項の適用除外を設ける必要がある。

　したがって、第10条新第7項の「本意匠」については、当該関連意匠に係る最初に選択した一の意匠を指すよう、「基礎意匠」と定義した上で、「関連意匠の意匠登録出願があつた場合において、当該意匠登録出願が基礎意匠（当該関連意匠に係る最初に選択した一の意匠をいう。…）に係る関連意匠（当該基礎意匠の関連意匠及び当該関連意匠に連鎖する段階的な関連意匠をいう。…）にそれぞれ該当する二以上の意匠の意匠登録出願であつたときは、これらの意匠」については、同法第9条第1項及び第2項の規定が適用されない旨を規定した。

　なお、第10条新第7項の「関連意匠」については、同条新第4項の規定により意匠登録を受ける関連意匠も含まれるが、その旨を規定していない場合、同項の規定により意匠登録を受ける関連意匠は含まれないと解されるおそれがある。これを回避すべく、「関連意匠（当該基礎意匠の関連意匠及び当該関連意匠に連鎖する段階的な関連意匠をいう。以下同じ。）」と規定することとした。

[共通の本意匠Xを有する関連意匠A・Bの両方に類似する意匠Cを関連意匠Aの関連意匠として出願する場合の概念図]

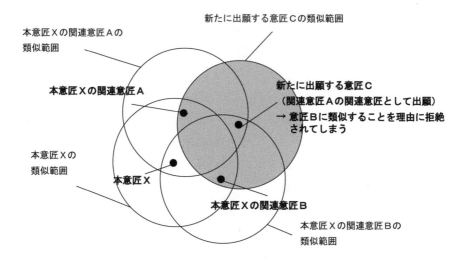

② 新規性及び創作非容易性の適用除外

　第10条新第2項は、一の本意匠と一の関連意匠との関係において、新規性（意匠法第3条第1項）及び創作非容易性（同条第2項）の適用除外を規定している。ある基礎意匠に係る複数の関連意匠が出願される場合、第10条新第7項の規定と同様に、基礎意匠が共通する関連意匠全てについては新規性及び創作非容易性の規定を適用しない旨を規定することが必要である。この点について、同条新第8項において規定した。

　ここで、適用除外の対象は、同条新第7項同様、基礎意匠に係る全ての関連意匠であるが、出願中の関連意匠のうち、放棄等によって最終的に登録されなかった意匠と同一又は類似の意匠については除外することが適切でない。また、意匠登録された関連意匠のうち、既に意匠権が消滅した関連意匠と同一又は類似の意匠についても除外してしまうと、一度パブリック・ドメインとなった意匠が復活することとなる。このため、これらの意匠は同法第3条第1項及び第2項の適用除外の対象から除くよう規定した。

【関連する改正事項】

◆意匠法第17条（拒絶の査定）

　関連意匠にのみ類似する意匠の登録を認めるために新設された意匠法第10条第4項を新たな拒絶理由として追加した。

◆意匠法第48条（意匠登録無効審判）

　現行の意匠法第10条第3項が削除されたことに伴い、当該規定を無効理由から削除した。他方、同条第2項から条文移動した同条新第6項は引き続き無効理由として規定している。

◆意匠法第21条（存続期間）

　従来の制度において、本意匠とその関連意匠の意匠権については権利の重複部分が生じることとなることから、権利の重複部分に関して権利の実質的な延長が生じないようにするために、関連意匠の存続期間は本意匠の設定登録の日から起算する旨を規定している。

　したがって、意匠法第10条新第4項の規定により新たに登録可能となる、関連意匠に連鎖して段階的に類似する意匠についても、権利の重複部分に関して権利の実質的な延長が生じないようにするため、その意匠権の存続期間については、当該関連意匠に係る最初に選択した一の意匠である基礎意匠の意匠登録出願の日から25年で終了することとした。

　なお、第21条については、存続期間の変更のための改正もあるため、これを踏まえた改正の詳細については第8章を参照されたい。

◆意匠法第22条（関連意匠の意匠権の移転）

◆意匠法第26条の2（意匠権の移転の特例）

◆意匠法第27条（専用実施権）

本意匠及びその関連意匠の意匠権が分離して移転できない旨を規定する第22条、本意匠及び関連意匠に対して意匠権の移転の特例の請求ができない場合について規定する第26条の２第２項並びに本意匠及び関連意匠の意匠権についての専用実施権の設定について規定する第27条第１項ただし書及び第３項について、意匠法第10条新第４項の規定により関連意匠にのみ類似する意匠が登録可能となり、本意匠のうち最初に選択されたものを「基礎意匠」と定義したことに伴い、本意匠と関連意匠についてではなく、基礎意匠及びその関連意匠の意匠権についての規定となるよう改正した。

◆意匠法第60条の８

（関連意匠の登録の特例）
第六十条の八　本意匠の意匠登録出願と関連意匠の意匠登録出願の少なくともいずれか一方が国際意匠登録出願である場合における第十条第一項(同条第五項の規定により読み替えて適用する場合を含む。以下この項及び次項において同じ。)の規定の適用については、同条第一項中「又は第四十三条の三第一項若しくは第二項の規定による」とあるのは、「若しくは第四十三条の三第一項若しくは第二項又はジュネーブ改正協定第六条(1)(a)の規定による」とする。

２　本意匠の意匠権が第六十条の十四第二項に規定する国際登録を基礎とした意匠権である場合における第十条第一項ただし書の規定の適用については、同項ただし書中「第四十四条第四項」とあるのは、「第六十条の十四第二項」とする。

３　基礎意匠に係る一又は二以上の関連意匠の意匠権が第六十条の十四第二項に規定する国際登録を基礎とした意匠権である場合における第十条第八項の規定の適用については、同項中「第四十四条第四項」とあるのは、「第四十四条第四項若しくは第六十条の十四第二項」とする。

① **第10条第1項の読替規定（新第1項）**

　第60条の8第1項については、第10条新第1項について同条新第5項で読替規定を設けたことに伴い、形式的な改正を行った。

② **第10条第1項ただし書の読替規定（新第2項）**

　第60条の8第2項及び第3項は、今回の改正で新たに追加した規定であり、意匠法第60条の14第2項において、国際登録を基礎とした意匠権はその基礎とした国際登録が消滅したときは消滅したものとみなす旨が規定されていることとの関係で、意匠権の消滅に係る規定の読替えについて規定するものである。

　新第2項は、同法第10条新第1項ただし書の読替規定である。同項ただし書は、(i)本意匠の意匠権が意匠法第44条第4項（登録料の未納）の規定により消滅したとき、(ii)無効にすべき旨の審決が確定したとき、又は(iii)放棄されたときは、当該本意匠について関連意匠の登録ができない旨を規定している。これは、本意匠が登録料未納等で消滅した後にまで関連意匠の登録を認めると、一度本意匠の消滅によりパブリック・ドメインとなった意匠が、後に登録された関連意匠の権利範囲に含まれてしまい、第三者を害するためである。そこで、国際登録を基礎とした意匠権については、上記(i)は同法第60条の21第3項の規定により適用されないこととなるのでこれを除外する一方、同法第60条の14第2項の規定により意匠権が消滅した場合は、同法第10条新第1項ただし書の趣旨と同じ趣旨で関連意匠の登録を認めるべきではないことから、「第四十四条第四項」を「第六十条の十四第二項」に読み替えることとした。

③ **第10条新第8項の読替規定（新第3項）**

　新第3項は、意匠法第10条新第8項の読替規定である。同項は、基礎意匠の関連意匠及び当該関連意匠に連鎖する段階的な関連意匠が複数登録される場合において、(i)関連意匠の意匠権が意匠法第44条第4項（登録料の

未納）の規定により消滅したとき、(ⅱ)無効にすべき旨の審決が確定したとき、又は(ⅲ)放棄されたときは、当該関連意匠については、同法第３条第１項及び第２項の規定の適用除外の対象としない旨規定している。これは、既に意匠権が消滅した関連意匠についても同項及び同条第２項の適用を除外してしまうと、一度パブリック・ドメインとなった意匠が復活することとなり、前項と同様に不適切であるためである。そこで、基礎意匠に係る関連意匠及び当該関連意匠に連鎖する段階的な関連意匠に国際登録を基礎とした意匠権が含まれる場合には、当該国際登録を基礎とした意匠権については、上記(ⅰ)は同法第60条の21第３項の規定により適用されないこととなるので、これを除外する一方、当該国際登録を基礎とした意匠権が同法第60条の14第２項の規定により意匠権が消滅した場合は、同法第10条新第８項と同じ趣旨で関連意匠の登録を認めるべきではないことから、「第四十四条第四項」を「第四十四条第四項若しくは第六十条の十四第二項」に読み替えることとした。なお、「第六十条の十四第二項」ではなく、「第四十四条第四項若しくは第六十条の十四第二項」とする理由は、同法第10条新第８項は基礎意匠に係る関連意匠が複数存在する場合を前提としており、当該二以上の意匠の中に、国際登録を基礎とする意匠権と国内で出願された意匠権との両方が含まれる場合、単に「第六十条の十四第二項」と読み替えてしまうと、国内で出願された意匠権についてその消滅を規定できなくなってしまうことから、「第四十四条第四項」を「第四十四条第四項若しくは第六十条の十四第二項」と読み替える必要があるためである。

◆意匠法第60条の15（関連意匠の意匠権の移転の特例）

◆意匠法第60条の16（関連意匠の意匠権についての専用実施権の設定の特例）

　意匠法第10条新第４項の規定により関連意匠にのみ類似する意匠が登録

可能となり、同条新第7項において、本意匠のうち最初に選択されたもの
を「基礎意匠」と定義したことに伴い、基礎意匠及びその関連意匠の意匠
権についての移転の特例及び基礎意匠及びその関連意匠の意匠権について
の専用実施権の設定の特例に関して規定するよう改正した。

第7章　手続救済規定の整備

1．改正の必要性

(1)　従来の制度

①　特許法における救済規定及び通知規定の整備

(i)　特許法条約への加入

　特許法条約（Patent Law Treaty。以下「PLT」という。）は、各国により異なる国内特許出願等の手続の統一化及び簡素化により、出願人の利便性向上及び負担軽減を図るための条約である。我が国も PLT 担保のための特許法改正を平成27年に行った上で、平成28年に同条約に加入している。

(ii)　平成26年の特許法改正による特許法第43条の2の新設（パリ条約の例による優先権主張）

　PLT 第13条(2)は、パリ条約による優先権制度（パリ条約に加盟しているある国（第一国）において特許出願をした者が、当該出願に係る発明と同一の発明について他のパリ条約の加盟国（第二国）に出願をする場合、所定の手続を取れば、第二国への出願を第一国への出願の日においてしたと同じように取り扱うべきことを主張できる制度）における優先権の主張を伴う特許出願をすべき期間内に、当該特許出願をすることができなかった場合であっても、所定の要件を満たすときは、その優先権の主張をすることができるという救済について規定している。

　平成26年当時、我が国は PLT への加入について検討中であったが、制度調和の観点から、PLT の規定のうち優先的に取り入れるべきものは、PLT への加入に先んじて国内法に導入することとなり、PLT 第13条(2)の

規定内容を実現するものとして、特許法第43条の２が新設された。同条は、パリ条約の規定による優先権の主張について、その主張を伴う特許出願を優先期間内にすることができなかったことについて正当な理由があり、かつ、優先期間の経過後一定期間内に当該特許出願をした場合の救済措置を規定している。

(iii)　**平成27年の特許法改正による特許法第５条第３項の新設等（指定期間経過後の救済規定）**

特許法第５条第１項は、特許庁長官等は、特許法の規定により手続をすべき期間を指定したときは、請求により又は職権で、その指定期間を延長することができる旨を規定している。当該規定により、例えば、手続補正書等の提出期間（同法第17条第３項）について、特許庁長官が指定した「相当の期間」を、請求又は職権で延長することができる。本規定は、特許庁長官等が裁量的に手続期間を延長できることを定めた条文である。

PLT第11条(1)(ii)は、特許出願又は特許権について手続をすべき期間として官庁が定めた期間（指定期間）内にその手続をすることができなかった場合、当該指定期間の経過後であっても、出願人からの請求により、その指定期間を延長することを認める旨を規定している。

平成27年の特許法改正において、PLTへの加入を国内法上担保するため、PLT第11条(2)(ii)の規定内容を受けて、特許法第５条第３項が新設された。同項は、同条第１項の指定期間の経過後であっても、一定期間内に限り、その延長を請求することができる旨を定めている。

また、平成27年改正では、上記に加え、指定期間経過後に延長請求をする場合の手数料の上限額を別表第７号に規定している。ただし、審査官による特許出願の拒絶理由通知に対して意見書を提出することができる期間（同法第50条）を経過した後にする延長請求については、拒絶査定不服審判の請求（同法第121条第１項）をすることなく、新たに提出した意見書の内容を踏まえて改めて審査を受けることを実質的に可能とするものであ

るため、その再度の特許審査に要する経費も勘案の上、他の指定期間経過
後の延長請求に係る手数料とは異なる手数料の上限額を別表第8号に規定
している。

(iv) 平成27年の特許法改正による特許法第43条第6項及び第7項の新設（注意喚起のための通知規定等）

PLT第6条(7)は、特許出願に関する所定の要件が満たされていなかった場合に、官庁が出願人に対して注意喚起のためにその旨通知し、その要件を満たすための機会及び意見を述べるための機会を与える旨を規定している。

これを受けて平成27年改正により特許法第43条第6項及び第7項が新設された。同条第6項は、パリ条約による優先権制度における優先権の主張をした者が、同条第2項に規定する期間内に同項に規定する書類又は同条第5項に規定する書面を提出しなかった場合に、特許庁長官が出願に対してその旨を通知しなければならない旨を定めている。また、同条第7項は、当該通知を受けたものは、一定の期間内に限り、これらの書類等を提出できる旨を規定している。

② 救済規定及び通知規定等と意匠法との関係（平成26年、平成27年当時）

意匠法においては、パリ条約の例による優先権主張(特許法第43条の2)、指定期間経過後の救済規定（同法第5条第3項）、優先権主張に関する注意喚起のための通知規定等（同法第43条第6項及び第7項）が準用されていない。

平成26年及び平成27年の特許法改正当時、特許分野については、出願等の統一化・簡素化による利便性の向上を図る条約としてPLTが採択され、これを担保するために特許法が改正された。他方、意匠分野については、意匠法条約（Design Law Treaty。以下「DLT」という。）の素案の検討

が進められていた。救済規定等についても当該素案に規定されており、採択間近の状況であったが、結局は採択まで至らなかったため、平成27年の時点ではDLT担保のための意匠法改正は見送られたのである。これにより、特許法において平成26年改正及び平成27年改正で設けられた救済規定及び通知規定等の意匠法における整備は、将来的な課題とされた。

　なお、優先権書類に関する通知規定等については、DLTの素案自体には規定がなかったが、出願人の便宜の観点から、DLTの担保措置と同時に法律措置を講ずることを検討していた。

(2)　改正の必要性

　平成27年以降、DLTについては、予想外に各国間の意見の隔たりが大きく、令和元年現在で採択の見通しが立っていない。他方、DLTの素案に規定のある救済規定及び同時に措置する予定であった優先権書類に関する通知規定等については、出願人の利便性を向上させる観点から、早急に整備すべき事項である。特に、近年、特許と意匠との間の変更出願が増加してきており、その数が年間約100件から、多い年には約180件に上っていることに鑑みれば、特許制度と意匠制度の調和が重要な課題となっている。よって、手続救済規定及び注意喚起のための通知規定の整備については、DLT採択に先んじて、措置を講じることとした。

２．改正の概要

　出願人に対する救済措置を充実させるべく、意匠法において準用されていなかったパリ条約の例による優先権主張（特許法第43条の2）、指定期間経過後の救済規定（同法第5条第3項）、優先権主張に関する注意喚起のための通知規定等（同法第43条第6項及び第7項）を新たに準用するため、必要な規定を整備した。

３．改正条文の解説

◆意匠法第15条

（特許法の準用）

第十五条　特許法第三十八条（共同出願）<u>及び第四十三条から第</u>
<u>四十三条の三まで（パリ条約による優先権主張の手続及びパリ条約</u>
<u>の例による優先権主張）</u>の規定は、意匠登録出願に準用する。この
場合において、同法第四十三条第一項中「経済産業省令で定める期
間内」とあるのは「意匠登録出願と同時」と、同条第二項中「次の
各号に掲げる日のうち最先の日から一年四月」とあるのは「意匠登
録出願の日から三月」と読み替えるものとする。

２・３　（略）

　第15条は特許法の規定の準用について規定しているところ、同法と同様、
パリ条約の例による優先権主張（同法第43条の２）、優先権書類に関する
注意喚起のための通知規定（同法第43条第６項）及び書類等提出規定（同
条第７項）を措置すべく、これらの特許法の規定を新たに準用することと
した。

◆意匠法第60条の10

（パリ条約等による優先権主張の手続の特例）

第六十条の十　国際意匠登録出願については、第十五条第一項におい
て読み替えて準用する<u>特許法第四十三条（同項において準用する同</u>
<u>法第四十三条の二第二項（第十五条第一項において準用する同法第</u>
<u>四十三条の三第三項において準用する場合を含む。）及び第四十三</u>

条の三第三項において準用する場合を含む。）並びに<u>第十五条第一項において準用する同法第四十三条の二第一項（第十五条第一項において準用する同法第四十三条の三第三項において準用する場合を含む。）及び</u>第四十三条の三第二項の規定は、適用しない。

2　特許法第四十三条第二項から<u>第九項</u>までの規定は、ジュネーブ改正協定第六条(1)(a)の規定による優先権の主張をした者に準用する。この場合において、同法第四十三条第二項中「次の各号に掲げる日のうち最先の日から一年四月以内」とあるのは、<u>「経済産業省令で定める期間内」</u>と読み替えるものとする。

(1)　第60条の10第1項

　第60条の10は、国際意匠登録出願についての優先権主張の手続の特例を定めた規定である。国際意匠登録出願についての優先権主張については、各指定締約国に対して直接行うことについてジュネーブ改正協定上にこれを妨げる規定は置かれていないが、「締約国に対する出願手続の一元化」というジュネーブ改正協定の趣旨に鑑み、ジュネーブ改正協定の規定による国際事務局経由の手続に一元化することとしている。このため、同条第1項において、国際意匠登録出願については、我が国特許庁に優先権主張をする場合の手続規定は適用しないこととしている。

　今般、我が国特許庁に優先権主張をする場合には、意匠法第15条第1項において特許法第43条の2第1項（パリ条約の例による優先権主張）を新たに準用することに伴い、第60条の10第1項において、国際意匠登録出願についての優先権主張については、同法第15条第1項で準用する特許法第43条の2第1項（同法第43条の3第3項において準用する場合を含む）の規定を適用しない旨を規定した。

　これに加え、同法第43条の2第1項を、意匠法第15条第1項において準用する特許法第43条の3第3項において準用する場合についても、同条第

1項に規定するWTO加盟国についての優先権の主張をする場合であって、同条第3項において準用する同法第43条の2第1項の期間徒過後の優先権の主張をする場合が想定されるが、国際出願に際してWIPO国際事務局に対して、このような優先権主張手続を行うことがジュネーブ改正協定第6条(1)(a)の規定によっては認められていない。したがって、第60条の10第1項において、特許法第43条の2第1項を、意匠法第15条第1項において準用する特許法第43条の3第3項において準用する場合についても、国際意匠登録出願については適用しない旨を規定した。

また、意匠法第15条第1項の改正に伴い、第60条の10第1項において、同法第15条第1項で新たに準用する特許法第43条第6項（優先権書類に関する注意喚起のための通知規定）及び第7項（書類等提出規定）を国際意匠登録出願に適用しない旨を規定すべく、所要の改正を行った。

(2) 第60条の10第2項

国際意匠登録出願に係る優先権主張についての証明書等の提出手続については、ジュネーブ改正協定上で国際事務局に提出するものとされていないため、証明書等を我が国特許庁に直接提出することができる。その場合の証明書等の提出手続について規定するため、第60条の10第2項において、特許法第43条第2項から第5項まで、第8項及び第9項については、ジュネーブ改正協定第6条(1)(a)の規定による優先権の主張をした者に対して準用する旨が規定されている。

意匠法15条第1項の改正に伴い、同項で新たに準用する特許法第43条第6項及び第7項についても、ジュネーブ改正協定第6条(1)(a)の規定による優先権の主張をした者に対して準用するため、これらの規定を第60条の10第2項において準用することとした。

他方、意匠法第15条第1項で準用する特許法43条の2第1項に規定するパリ条約の例による優先権の主張は、国際出願に際して国際事務局に対して優先権主張手続を行うことがジュネーブ改正協定6条(1)(a)の規定によっ

ては認められていないため、特許法43条の2第1項については、国際意匠登録出願について適用しないこととした。

◆意匠法第68条

（特許法の準用）

第六十八条　特許法第三条から第五条まで（期間及び期日）の規定は、この法律に規定する期間及び期日に準用する。この場合において、同法第四条中「第四十六条の二第一項第三号、第百八条第一項、第百二十一条第一項又は第百七十三条第一項」とあるのは、「意匠法第四十三条第一項、第四十六条第一項若しくは第四十七条第一項又は同法第五十八条第一項において準用する第百七十三条第一項」と読み替えるものとする。

2〜7　（略）

第68条は特許法の規定の準用について規定している。特許法と同様に、指定期間の経過後であっても、一定期間内に限り、その延長を請求することができるよう、同条第1項において特許法第5条第3項を準用することとした。

【関連する改正事項】

◆意匠法第10条

（関連意匠）

第十条　意匠登録出願人は、自己の意匠登録出願に係る意匠又は自己の登録意匠のうちから選択した一の意匠（以下「本意匠」という。）に類似する意匠（以下「関連意匠」という。）については、当該関連意匠の意匠登録出願の日（第十五条第一項において準用する特許

法第四十三条第一項、第四十三条の二第一項又は第四十三条の三第一項若しくは第二項の規定による優先権の主張を伴う意匠登録出願にあつては、最初の出願若しくは千九百年十二月十四日にブラッセルで、千九百十一年六月二日にワシントンで、千九百二十五年十一月六日にヘーグで、千九百三十四年六月二日にロンドンで、千九百五十八年十月三十一日にリスボンで及び千九百六十七年七月十四日にストックホルムで改正された工業所有権の保護に関する千八百八十三年三月二十日のパリ条約第四条C(4)の規定により最初の出願とみなされた出願又は同条A(2)の規定により最初の出願と認められた出願の日。以下この項において同じ。）がその本意匠の意匠登録出願の日以後であつて、当該本意匠の意匠登録出願の日から十年を経過する日前である場合に限り、第九条第一項又は第二項の規定にかかわらず、意匠登録を受けることができる。ただし、当該関連意匠の意匠権の設定の登録の際に、その本意匠の意匠権が第四十四条第四項の規定により消滅しているとき、無効にすべき旨の審決が確定しているとき、又は放棄されているときは、この限りでない。

<u>2</u>～<u>8</u>　（略）

意匠法第15条第１項と同趣旨の改正である。

なお、第10条新第１項については、同法第15条第１項において特許法第43条の２第１項を新たに準用する改正部分以外に、関連意匠制度の見直しのための改正もあるため、これを踏まえた改正の詳細については、第６章を参照されたい。

◆意匠法第10条の2

（意匠登録出願の分割）

第十条の二　（略）

2　前項の規定による意匠登録出願の分割があつたときは、新たな意匠登録出願は、もとの意匠登録出願の時にしたものとみなす。ただし、第四条第三項並びに第十五条第一項において準用する特許法第四十三条第一項及び第二項（これらの規定を第十五条第一項において準用する同法第四十三条の二第二項（第十五条第一項において準用する同法第四十三条の三第三項において準用する場合を含む。）及び第四十三条の三第三項において準用する場合を含む。）の規定の適用については、この限りでない。

3　第一項に規定する新たな意匠登録出願をする場合には、もとの意匠登録出願について提出された書面又は書類であつて、新たな意匠登録出願について第四条第三項又は第十五条第一項において準用する特許法第四十三条第一項及び第二項（これらの規定を第十五条第一項において準用する同法第四十三条の二第二項（第十五条第一項において準用する同法第四十三条の三第三項において準用する場合を含む。）及び第四十三条の三第三項において準用する場合を含む。）の規定により提出しなければならないものは、当該新たな意匠登録出願と同時に特許庁長官に提出されたものとみなす。

意匠法第15条第1項と同趣旨の改正である。

◆意匠法　別表

別表（第六十七条関係）

	納付しなければならない者	金　　額
一～三　（略）		
四	第六十八条第一項において準用する特許法第五条第三項の規定による期間の延長（第十九条において準用する同法第五十条の規定により指定された期間に係るものを除く。）を請求する者	一件につき四千二百円
五	第六十八条第一項において準用する特許法第五条第三項の規定による期間の延長（第十九条において準用する同法第五十条の規定により指定された期間に係るものに限る。）を請求する者	一件につき七千二百円
六～九　（略）		

　今般、意匠登録出願に係る指定期間についての救済規定を整備したことに伴い、別表において、指定期間経過後に延長請求をする場合の手数料の上限額を新たに規定した。

　なお、特許出願と同様に、審査官による意匠出願の拒絶理由通知に対して意見書を提出することができる期間（意匠法第19条において準用する特許法第50条）を経過した後にする延長請求については、拒絶査定不服審判の請求（意匠法第46条）をすることなく、新たに提出した意見書の内容を踏まえて改めて審査を受けることを実質的に可能とするものであるため、その再度の意匠審査に要する経費も勘案の上、他の指定期間経過後の延長請求に係る手数料とは異なる手数料の上限額を新第5号に規定することとした。

第8章　意匠権の存続期間の変更

1．改正の必要性

(1)　従来の制度
①　意匠権の存続期間

　意匠権の存続期間については、意匠法第21条において、「設定の登録の日から二十年」と規定されている。意匠権の存続期間については、昭和34年の現行意匠法制定時に旧法の10年から15年に延長されたが、その後、商品の長寿命化やリバイバル・ブームの到来を受け、デザイン開発を後押しする観点から、平成18年改正によって20年に延長されている。

②　意匠法上の意匠権の存続期間の終期

　先述のとおり、意匠権の存続期間は、「設定の登録の日から二十年」と規定されているが（意匠法第21条）、より正確にいうならば、同条は、意匠権の存続期間の終期を定めたものである。すなわち、意匠権が発生するのは「意匠権の設定の登録のあった時」（同法第20条第1項）であり、その意匠権の存続期間は同項の規定による設定の登録の日から起算して20年をもって終了するのである。他方で、特許権の存続期間は、「特許出願の日から二十年」とされている（特許法第67条第1項）。

(2)　改正の必要性
①　意匠権の存続期間の延長

　昨今、航空機や自動車といった分野で、製品の意匠について開発段階で意匠登録出願し、時間をかけて改良を重ねた後に製品等を市場に投入することが多くなっている。これらの分野においては、意匠権の存続期間の更

なる延長を求めるニーズが高まっている。また、企業特有のデザインコンセプトの開発を支援し、ブランド価値の向上を促進する観点からは、より長い意匠権の存続期間を設定することが望ましい。特に欧州において、最長25年間の意匠権の存続期間が認められていることを踏まえれば、意匠の存続期間を20年から25年に延長することが、政策的に必要となっている。

② 意匠権の存続期間の終期の起算日の変更
(i) 意匠登録出願と特許出願の変更出願の増加

意匠法上、意匠登録出願及び特許出願は、相互に変更することができる（意匠法第13条第1項及び特許法第46条第2項）が、近年この変更出願が増加してきており、その数が年間約100件から、多い年には約180件に上っている。ユーザーからは、存続期間の終期の起算日が、意匠権では登録時、特許権では出願時と異なっていることに起因して、出願変更によって権利の存続期間が大幅に変更されることは、知的財産権の管理上不便であり、存続期間の終期の起算日を統一してほしいとのニーズが生じている。

また、変更出願が増加する中、特許で出願して先願の地位を確保し、その後に審査を受けながら、査定が出される直前で意匠登録出願に変更した場合、当該出願が意匠として審査されて登録された後から、実際の意匠権としての権利期間が開始されるため、一つの発明（意匠）の保護期間の終期が不当に引き延ばされるおそれが生じている。

(ii) 登録時でなく出願時に統一する理由

特許権の存続期間の終期の起算日は出願時となっているが、これは、特許については意匠とは異なり、出願後に特許庁による実体審査を受けるか否かを判断できる審査請求制度が採られている（特許法第48条の2）ことに起因する。つまり、特許権の存続期間の終期の起算日を登録時とすると、出願人による審査請求の時期や審査官による審査の進捗状況によって存続期間の終期が変動してしまうことから、これは妥当ではないと考えられた

ためである。他方、意匠権については審査請求制度が採られていないことから、存続期間の終期の起算日が登録時となっているが、出願時を存続期間の終期の起算日としても、特段問題は生じない。

　上記事情に鑑みれば、意匠権の存続期間について、特許と同様にその起算日を出願時とすることが適切であると考えられる。

２．改正の概要

　意匠権の存続期間を「設定の登録の日から二十年」から「意匠登録出願の日から二十五年」に変更した。

３．改正条文の解説

◆意匠法第21条

> （存続期間）
> 第二十一条　意匠権（関連意匠の意匠権を除く。）の存続期間は、<u>意匠登録出願の日から</u><u>二十五年</u>をもつて終了する。
> 2　関連意匠の意匠権の存続期間は、その<u>基礎意匠の意匠登録出願の日から</u><u>二十五年</u>をもつて終了する。

　第21条第１項を改正し、意匠権の存続期間は、「意匠登録出願の日から二十五年をもつて終了する。」と規定した。

　また、関連意匠の意匠権の存続期間については、基礎意匠を基準とすることから、同条第２項を、「関連意匠の意匠権の存続期間は、その基礎意匠の意匠登録出願の日から二十五年をもつて終了する。」と改正した。

　なお、基礎意匠の定義等、関連意匠に関する改正の詳細については第６章を参照されたい。

【関連する改正事項】
◆意匠法第42条

(登録料)
第四十二条　意匠権の設定の登録を受ける者又は意匠権者は、登録料
　として、第二十一条に規定する存続期間の満了までの各年について、
　一件ごとに、次に掲げる金額を納付しなければならない。
　一　(略)
　二　第四年から第二十五年まで　毎年一万六千九百円
2　(略)
3　第一項の登録料は、意匠権が国と国以外の者との共有に係る場合
　であつて持分の定めがあるときは、同項の規定にかかわらず、同項
　に規定する登録料の金額に国以外の者の持分の割合を乗じて得た額
　とし、国以外の者がその額を納付しなければならない。
4・5　(略)

　本条は登録料を定めたものである。今般、意匠権の存続期間が「設定の
登録の日から二十年」から「意匠登録出願の日から二十五年」に変更され
たことに伴い、第42条第1項第2号において「第二十年」としていたもの
を「第二十五年」と改正した。この改正においては、20年目から25年目ま
での登録料については、4年目から20年目までの登録料と同額とした。こ
れは平成18年改正時と同様に、意匠権は、技術ではなく美的な物品のデザ
インに対して与えられる権利であることから、権利を早期に手放すことを
促進する政策的必要性は特許権に比較して強くないと考えられたためであ
る。

◆意匠法第60条の21

（国際意匠登録出願の個別指定手数料）

第六十条の二十一　（略）

2　国際意匠登録出願又は国際登録を基礎とした意匠権が基礎とした
　国際登録についてジュネーブ改正協定第十七条(2)の更新をする者
　は、個別指定手数料として、一件ごとに、八万四千五百円に相当す
　る額を国際事務局に納付しなければならない。

3　（略）

　本条は、国際意匠登録出願の個別指定手数料の額及び納付手続について
規定したものである。第60条の21第2項では、国際意匠登録出願又は国際
登録を基礎とした意匠権が基礎とした国際登録について国際登録の更新を
する場合の個別指定手数料の納付について規定している。ここで、国際登
録の更新は、ジュネーブ改正協定第17条(1)及び(2)の規定により、5年ごと
に行うものとされており、また、締約国内での意匠権の存続に当たっては、
ジュネーブ改正協定第17条(2)及び(3)の規定により5年ごとに所定の手数料
の支払いにより国際登録を更新しなければならない。従来の制度において
は、我が国特許庁における審査等の手続はWIPO国際事務局における国際
登録の日（及び国際意匠登録出願の日）の後となるため、国際登録の日と
国内での意匠権の設定登録の日との間には時点のズレが必ず生ずることと
なり、国内での意匠権を20年間存続させる場合、実際には国際登録を20年
間以上の期間にわたって更新することが必要となっていた。このため、国
際登録の日から15年を経過した後にする国際登録の更新については、個別
指定手数料の納付を不要なものとすることにより、20年分の意匠権の維持
料と等価の料金を徴収することとしていた。

　今般、意匠権の存続期間の終期の起算日を出願時に変更したことに伴い、
国際登録の日と国内での意匠権の設定登録の日との間に時点のずれが生じ

ることがなくなることから、国際登録の日から15年を経過した後にする国際登録の更新については個別指定手数料の納付を不要なものとする規定を削除した。

◆意匠法第60条の6

> **（国際出願による意匠登録出願）**
> **第六十条の六**　日本国をジュネーブ改正協定第一条(xix)に規定する指定締約国とする国際出願であつて、その国際出願に係るジュネーブ改正協定第一条(vi)に規定する国際登録（以下「国際登録」という。）についてジュネーブ改正協定第十条(3)(a)の規定による公表（以下「国際公表」という。）がされたものは、経済産業省令で定めるところにより、ジュネーブ改正協定第十条(2)に規定する国際登録の日にされた意匠登録出願とみなす。
> **2・3**　（略）

　本条は、所定の要件を満たす国際出願を国内の意匠登録出願（国際意匠登録出願）として処理するための規定である。今般、意匠法第60条の21第2項の改正に伴い、第1項に形式的な改正を行った。

第9章　間接侵害規定の対象拡大

1. 改正の必要性

(1) 従来の制度

① 間接侵害規定の趣旨

　意匠法第23条は、「意匠権者は、業として登録意匠及びこれに類似する意匠の実施をする権利を専有する」と規定していることから、第三者による登録意匠と同一又は類似する意匠の実施がなければ、侵害（直接侵害）は成立しない。

　しかし、直接侵害を惹起する蓋然性が極めて高い行為について、これを放置することは意匠権の効力の実効性を保つ観点から適切ではない。こうした問題を踏まえて、意匠法は、侵害の予備的又は幇助的行為のうち、直接侵害を誘発する蓋然性が極めて高い一定の行為について、同法第38条で「間接侵害」として捉え、意匠権者による差止めや損害賠償請求等の対象としている。

② 物品の製造にのみ用いる物を製造等する行為（意匠法第38条第1号）

　意匠法第38条第1号は、業として登録意匠と同一又は類似する意匠に係る物品の製造にのみ用いる物の生産等をする行為について、その意匠権等を侵害する行為とみなしている。例えば、カメラに意匠権が設定されている場合に、そのカメラを作るための部品のセットを製造する場合、当該行為は間接侵害とみなされ、意匠権者の差止め等の対象となることになる。

③ 物品を譲渡等のために所持する行為（意匠法第38条第2号）

　意匠法第38条第2号は、登録意匠と同一又は類似する意匠に係る物品を

業としての譲渡等のために所持する行為について、その意匠権等を侵害する行為とみなしている。本号は平成18年改正で新設されたものであり、従前、侵害物品を所持しているだけでは、意匠の「実施」に該当せず直接侵害は成立しなかったところ、同年の改正で、必然的に侵害物品の直接侵害に結びつく前段階の所持行為を間接侵害として捕捉することとし、意匠権の保護の実効性を高めたものである。

(2) 改正の必要性

① 多機能型間接侵害の追加

(i) 特許法における多機能型間接侵害(特許法第101条第2号及び第5号)

　特許法第101条は、意匠法と同様に、物の製造又は方法の使用にのみ用いる物を製造等する行為(同条第1号及び第4号)と発明に係る物等を譲渡等のために所持する行為(同条第3号及び第6号)を規定しているが、これらに加えて、多機能型間接侵害(同条第2号及び第5号)を規定している。具体的には、第2号(第5号)において、特許が物(方法)の発明についてされている場合、その物(方法)の生産(使用)に用いる物であって、その発明による課題の解決に不可欠なものにつき、その発明が特許発明であること及びその物がその発明の実施に用いられることを知りながら、業として、その生産等をする行為を間接侵害として規定している。

　特許法における多機能型間接侵害(同条第2号及び第5号)は、平成14年の特許法改正で新たに追加されたものであるが、現行の同条第1号及び第4号のみが規定されていた当時、両号が規定する「のみ」という客観的要件が厳格で間接侵害が認められ難いケースがあったことから、(a)「物の生産に用いる物…であつてその発明による課題の解決に不可欠」であることに加えて、(b)「発明が特許発明であること」及び「その物がその発明の実施に用いられること」を知っていることという主観的要素を加味した要件の下、新たに間接侵害とすることにしたものである。

　また、「物の生産に用いる物」であっても、「日本国内において広く一般

に流通しているもの」、例えば、ねじ、釘、電球、トランジスター等、日本国内において広く普及している一般的製品、つまり市場において一般に入手可能な規格品、普及品については、その生産まで間接侵害行為に含めることは取引の安定性の確保から好ましくないため、間接侵害規定の対象外とされている。

(ii)　意匠法における多機能型間接侵害事例の増加

　平成14年当時、意匠法においても多機能型間接侵害を導入することが検討されたが、意匠法では登録意匠に類似する意匠の実施にも意匠権の効力が及ぶこと、また、平成10年改正により部分意匠制度が導入され、これによる保護が可能と考えられたことから、これらによる保護の状況を見て、必要に応じて多機能型間接侵害の導入を将来的に検討することとした。

　昨今、例えば、意匠権を侵害する製品の完成品を構成部品（非専用品）に分割して輸入することにより、意匠権の直接侵害を回避するなどの巧妙な模倣例が見受けられたことから、これに対処すべく、多機能型間接侵害規定を導入する必要性が高まっている。

　特に、平成15年の旧関税定率法（明治43年法律第54号）の改正により、意匠権侵害物品に対する輸入差止申立制度（現在は関税法（昭和29年法律第61号）第69条の13）が施行されたが、本制度により意匠権侵害が疑われた事例を調査したところ、上述のような意匠権の直接侵害を回避する巧妙な輸入手口が存在していることが判明した。こうした手口に対応すべく、意匠における多機能型間接侵害の導入が喫緊の課題となっている。

②　建築物及び画像の意匠の間接侵害行為

　今般の改正で「意匠」の定義に、「画像」及び「建築物」を追加することから、これらについても「侵害するものとみなす」行為を意匠法第38条に追加する必要がある。

２．改正の概要

　意匠法第38条第２号を新設し、「物品の製造にのみ用いる」専用品に限らず、登録意匠等に係る物品の製造に用いる物品等であって、当該登録意匠等の「視覚を通じた美感の創出に不可欠なもの」を、その意匠が登録意匠等であること及び当該物品等が意匠の実施に用いられることを知りながら、業として譲渡等する場合についても侵害とみなすこととした。
　また、同条第４号から第９号までを新設し、建築物及び画像について、物品と同様に侵害とみなす行為を規定した。

３．改正条文の解説

◆意匠法第38条

（侵害とみなす行為）

第三十八条　次に掲げる行為は、当該意匠権又は専用実施権を侵害するものとみなす。

　一　登録意匠又はこれに類似する意匠に係る物品の製造にのみ用いる物品又はプログラム等若しくはプログラム等記録媒体等について業として行う次のいずれかに該当する行為

　　イ　当該製造にのみ用いる物品又はプログラム等記録媒体等の製造、譲渡、貸渡し若しくは輸入又は譲渡若しくは貸渡しの申出をする行為

　　ロ　当該製造にのみ用いるプログラム等の作成又は電気通信回線を通じた提供若しくはその申出をする行為

　二　登録意匠又はこれに類似する意匠に係る物品の製造に用いる物品又はプログラム等若しくはプログラム等記録媒体等（これらが

日本国内において広く一般に流通しているものである場合を除く。）であつて当該登録意匠又はこれに類似する意匠の視覚を通じた美感の創出に不可欠なものにつき、その意匠が登録意匠又はこれに類似する意匠であること及びその物品又はプログラム等若しくはプログラム等記録媒体等がその意匠の実施に用いられることを知りながら、業として行う次のいずれかに該当する行為

　イ　当該製造に用いる物品又はプログラム等記録媒体等の製造、譲渡、貸渡し若しくは輸入又は譲渡若しくは貸渡しの申出をする行為

　ロ　当該製造に用いるプログラム等の作成又は電気通信回線を通じた提供若しくはその申出をする行為

三　（略）

四　登録意匠又はこれに類似する意匠に係る建築物の建築にのみ用いる物品又はプログラム等若しくはプログラム等記録媒体等について業として行う次のいずれかに該当する行為

　イ　当該建築にのみ用いる物品又はプログラム等記録媒体等の製造、譲渡、貸渡し若しくは輸入又は譲渡若しくは貸渡しの申出をする行為

　ロ　当該建築にのみ用いるプログラム等の作成又は電気通信回線を通じた提供若しくはその申出をする行為

五　登録意匠又はこれに類似する意匠に係る建築物の建築に用いる物品又はプログラム等若しくはプログラム等記録媒体等（これらが日本国内において広く一般に流通しているものである場合を除く。）であつて当該登録意匠又はこれに類似する意匠の視覚を通じた美感の創出に不可欠なものにつき、その意匠が登録意匠又はこれに類似する意匠であること及びその物品又はプログラム等若しくはプログラム等記録媒体等がその意匠の実施に用いられることを知りながら、業として行う次のいずれかに該当する行為

イ 当該建築に用いる物品又はプログラム等記録媒体等の製造、譲渡、貸渡し若しくは輸入又は譲渡若しくは貸渡しの申出をする行為

ロ 当該建築に用いるプログラム等の作成又は電気通信回線を通じた提供若しくはその申出をする行為

六 登録意匠又はこれに類似する意匠に係る建築物を業としての譲渡又は貸渡しのために所有する行為

七 登録意匠又はこれに類似する意匠に係る画像の作成にのみ用いる物品若しくは画像若しくは一般画像記録媒体等又はプログラム等若しくはプログラム等記録媒体等について業として行う次のいずれかに該当する行為

イ 当該作成にのみ用いる物品若しくは一般画像記録媒体等又はプログラム等記録媒体等の製造、譲渡、貸渡し若しくは輸入又は譲渡若しくは貸渡しの申出をする行為

ロ 当該作成にのみ用いる画像又はプログラム等の作成又は電気通信回線を通じた提供若しくはその申出をする行為

八 登録意匠又はこれに類似する意匠に係る画像の作成に用いる物品若しくは画像若しくは一般画像記録媒体等又はプログラム等若しくはプログラム等記録媒体等（これらが日本国内において広く一般に流通しているものである場合を除く。）であつて当該登録意匠又はこれに類似する意匠の視覚を通じた美感の創出に不可欠なものにつき、その意匠が登録意匠又はこれに類似する意匠であること及びその物品若しくは画像若しくは一般画像記録媒体等又はプログラム等若しくはプログラム等記録媒体等がその意匠の実施に用いられることを知りながら、業として行う次のいずれかに該当する行為

イ 当該作成に用いる物品若しくは一般画像記録媒体等又はプログラム等記録媒体等の製造、譲渡、貸渡し若しくは輸入又は譲

　　　　渡若しくは貸渡しの申出をする行為
　　ロ　当該作成に用いる画像又はプログラム等の作成又は電気通信
　　　　回線を通じた提供若しくはその申出をする行為
　九　登録意匠若しくはこれに類似する意匠に係る画像を業としての
　　電気通信回線を通じた提供のために保有する行為又は登録意匠若
　　しくはこれに類似する意匠に係る画像記録媒体等を業としての譲
　　渡、貸渡し若しくは輸出のために所持する行為

(1)　間接侵害行為の対象となる物の具体化

　意匠法第2条第1項において意匠の定義に建築物及び画像を追加したことから、同法第37条新第2項と同様、第38条においても、「物品の製造にのみ用いる物」と規定していた間接侵害の対象を具体的に列挙することとした。その際、間接侵害の対象のうち、有体物である物品やプログラム等記録媒体等と無体物であるプログラム等では、間接侵害に当たる行為が異なることから、それぞれの行為を関連する各号においてイ、ロに分けて規定することとした。

(2)　多機能型間接侵害規定の追加

　特許法第101条第2号及び第5号の規定ぶりを参考に、「物品の製造にのみ用いる」専用品に限らず、登録意匠等に係る物品の製造に用いる物品等であって、当該登録意匠等の「視覚を通じた美感の創出に不可欠なもの」を、その意匠が登録意匠等であること及び当該物品等が意匠の実施に用いられることを知りながら、業として譲渡等する場合についても侵害とみなすこととした。

　なお、同条第2号及び第5号では、発明の本質が「課題の解決」にあることから、「その発明による課題の解決に不可欠」との文言になっているところ、意匠法においては、意匠の本質が「視覚を通じた美感」（同法第

２条第１項）にあることを踏まえて、「視覚を通じた美感の創出に不可欠」との規定ぶりとした。

　物品の「意匠の視覚を通じた美感の創出に不可欠なもの」としては、例えば、美容用ローラーのボール部分やハンドル部分が挙げられる。登録意匠である美容用ローラーのボール部分とハンドル部分が別々に製造等された場合、ボール部分は様々なハンドルに取り付けられ、ハンドル部分は様々なボールを取り付けられることから、共に専用品には該当せず、第38条第１号に規定する間接侵害には該当しない。しかしながら、このハンドル部分及びボール部分は、ともに登録意匠の視覚を通じた美感の創出に不可欠な物品である。したがって、今般の改正により新設される同条第２号の規定により、当該登録意匠又はこれに類似する意匠が登録意匠又はこれに類似する意匠であること及びその物品が当該登録意匠又はこれに類似する意匠の実施に用いられることを知りながら、業として製造等する行為が間接侵害に該当することとなる。

(3)　建築物及び画像の意匠の間接侵害規定の追加

　建築物及び画像を意匠の定義に追加したことに伴い、第38条第４号から第９号までを新設し、物品の間接侵害規定と同様の行為を建築物及び画像についても規定した。なお、画像の間接侵害行為については、物品及び建築物の間接侵害行為の対象として規定されている物品、プログラム等記録媒体等、プログラム等に加え、画像の作成に用いる画像又は一般画像記録媒体等も想定されることから、これらも間接侵害行為の対象として規定している。

【関連する改正事項】

◆意匠法第44条の３

（回復した意匠権の効力の制限）

第四十四条の三　前条第二項の規定により意匠権が回復したときは、その意匠権の効力は、第四十四条第一項の規定により登録料を追納することができる期間の経過後意匠権の回復の登録前に、輸入をし、若しくは日本国内において製造若しくは取得をした当該登録意匠若しくはこれに類似する意匠に係る物品若しくは画像記録媒体等、日本国内において建築若しくは取得をした当該登録意匠若しくはこれに類似する意匠に係る建築物又は日本国内において作成若しくは取得をした当該登録意匠若しくはこれに類似する意匠に係る画像には、及ばない。

2　前条第二項の規定により回復した意匠権の効力は、第四十四条第一項の規定により登録料を追納することができる期間の経過後意匠権の回復の登録前における次に掲げる行為には、及ばない。

一　（略）

二　当該登録意匠又はこれに類似する意匠に係る物品の製造に用いる物品又はプログラム等若しくはプログラム等記録媒体等について行つた次のいずれかに該当する行為

イ　当該製造に用いる物品又はプログラム等記録媒体等の製造、譲渡、貸渡し若しくは輸入又は譲渡若しくは貸渡しの申出をした行為

ロ　当該製造に用いるプログラム等の作成又は電気通信回線を通じた提供若しくはその申出をした行為

三　（略）

四　当該登録意匠又はこれに類似する意匠に係る建築物の建築に用いる物品又はプログラム等若しくはプログラム等記録媒体等につ

いて行つた次のいずれかに該当する行為
- イ 当該建築に用いる物品又はプログラム等記録媒体等の製造、譲渡、貸渡し若しくは輸入又は譲渡若しくは貸渡しの申出をした行為
- ロ 当該建築に用いるプログラム等の作成又は電気通信回線を通じた提供若しくはその申出をした行為
- 五 当該登録意匠又はこれに類似する意匠に係る建築物を譲渡又は貸渡しのために所有した行為
- 六 当該登録意匠又はこれに類似する意匠に係る画像の作成に用いる物品若しくは画像若しくは一般画像記録媒体等又はプログラム等若しくはプログラム等記録媒体等について行つた次のいずれかに該当する行為
  - イ 当該作成に用いる物品若しくは一般画像記録媒体等又はプログラム等記録媒体等の製造、譲渡、貸渡し若しくは輸入又は譲渡若しくは貸渡しの申出をした行為
  - ロ 当該作成に用いる画像又はプログラム等の作成又は電気通信回線を通じた提供若しくはその申出をした行為
- 七 当該登録意匠若しくはこれに類似する意匠に係る画像を電気通信回線を通じた提供のために保有した行為又は当該登録意匠若しくはこれに類似する意匠に係る画像記録媒体等を譲渡、貸渡し若しくは輸出のために所持した行為

　第44条の3は、登録料の追納により回復した意匠権の効力の制限について規定したものである。同条第1項においては、意匠法第44条第1項の規定により登録料を追納することができる期間の経過後意匠権の回復の登録前に輸入又は日本国内において製造若しくは取得した物品に回復した意匠権の効力が及ばない旨を規定しているため、今般意匠の定義に追加した建築物及び画像についても同様に、回復した意匠権の効力が及ばない範囲を

規定した。また、第44条の3第2項第2号及び第3号において、同法第38条の規定により侵害とみなされる間接侵害行為に対応した行為を意匠権の効力が及ばない行為として規定しているため、同条の改正に合わせて改正を行った。

　まず、第1項において、同法第44条第1項の規定により登録料を追納することができる期間の経過後意匠権の回復の登録前に、①輸入又は日本国内において製造若しくは取得した画像記録媒体等、②日本国内において建築若しくは取得をした建築物、③日本国内において作成若しくは取得をした画像についても、回復した意匠権が及ばない旨を規定した。なお、行為の規定ぶりについては、同法第2条新第2項において、「『行為（名詞）』をし」という規定ぶりにしたことから、第44条の3第1項においても、「輸入し」を「輸入をし」等の規定ぶりに改正した。

　また、同条第2項第2号において、同法第38条の改正に伴い、「物品の製造に…用いる物」を「物品の製造に用いる物品又はプログラム等若しくはプログラム等記録媒体等」と改正し、それぞれの行為を号中でイ、ロに分けて規定するとともに、今回の同条第2号の新設により、「～にのみ用いる」という専用品の要件を満たさないものであっても間接侵害が成立する可能性が生じることとなったため、第44条の3第2項第2号から「のみ」という要件を削除して該当範囲を広げ、同法第38条で広がった侵害とみなす範囲についても、所定の期間、意匠権が及ばない旨を規定した。

　さらに、建築物及び画像を意匠の定義に追加したことに伴い、同項に第4号から第7号までを新設し、建築物及び画像についても物品と同様に回復した意匠権の効力の及ばない範囲を規定した。

（再審により回復した意匠権の効力の制限）

第五十五条　無効にした意匠登録に係る意匠権が再審により回復した
　ときは、意匠権の効力は、当該審決が確定した後再審の請求の登録
　前に、善意に輸入をし、若しくは日本国内において製造若しくは取
　得をした当該登録意匠若しくはこれに類似する意匠に係る物品若し
　くは画像記録媒体等、善意に日本国内において建築若しくは取得を
　した当該登録意匠若しくはこれに類似する意匠に係る建築物又は善
　意に日本国内において作成若しくは取得をした当該登録意匠若しく
　はこれに類似する意匠に係る画像には、及ばない。

2　無効にした意匠登録に係る意匠権が再審により回復したときは、
　意匠権の効力は、当該審決が確定した後再審の請求の登録前におけ
　る次に掲げる行為には、及ばない。

　一　（略）

　二　善意に、当該登録意匠又はこれに類似する意匠に係る物品の製
　　造に用いる物品又はプログラム等若しくはプログラム等記録媒体
　　等について行つた次のいずれかに該当する行為

　　イ　当該製造に用いる物品又はプログラム等記録媒体等の製造、
　　　譲渡、貸渡し若しくは輸入又は譲渡若しくは貸渡しの申出をし
　　　た行為

　　ロ　当該製造に用いるプログラム等の作成又は電気通信回線を通
　　　じた提供若しくはその申出をした行為

　三　（略）

　四　善意に、当該登録意匠又はこれに類似する意匠に係る建築物の
　　建築に用いる物品又はプログラム等若しくはプログラム等記録媒
　　体等について行つた次のいずれかに該当する行為

　　イ　当該建築に用いる物品又はプログラム等記録媒体等の製造、

　　　　譲渡、貸渡し若しくは輸入又は譲渡若しくは貸渡しの申出をし
　　　　た行為
　　ロ　当該建築に用いるプログラム等の作成又は電気通信回線を通
　　　　じた提供若しくはその申出をした行為
　五　善意に、当該登録意匠又はこれに類似する意匠に係る建築物を
　　　譲渡又は貸渡しのために所有した行為
　六　善意に、当該登録意匠又はこれに類似する意匠に係る画像の作
　　　成に用いる物品若しくは画像若しくは一般画像記録媒体等又はプ
　　　ログラム等若しくはプログラム等記録媒体等について行つた次の
　　　いずれかに該当する行為
　　イ　当該作成に用いる物品若しくは一般画像記録媒体等又はプロ
　　　　グラム等記録媒体等の製造、譲渡、貸渡し若しくは輸入又は譲
　　　　渡若しくは貸渡しの申出をした行為
　　ロ　当該作成に用いる画像又はプログラム等の作成又は電気通信
　　　　回線を通じた提供若しくはその申出をした行為
　七　善意に、当該登録意匠若しくはこれに類似する意匠に係る画像
　　　を電気通信回線を通じた提供のために保有した行為又は当該登録
　　　意匠若しくはこれに類似する意匠に係る画像記録媒体等を譲渡、
　　　貸渡し若しくは輸出のために所持した行為

　意匠法第44条の３と同様に、再審によって回復した意匠権の効力の制限
について、建築物及び画像についても回復した意匠権の効力が及ばない範
囲を規定するとともに、当該範囲が同法第38条における間接侵害規定の改
正に合わせた適切なものとなるよう、所要の改正を行った。

第10章　附則

1．施行期日

◆附則第1条

（施行期日）

第一条　この法律は、公布の日から起算して一年を超えない範囲内に
おいて政令で定める日から施行する。ただし、次の各号に掲げる規
定は、当該各号に定める日から施行する。

一～三　（略）

四　第三条中意匠法第七条の改正規定、同法第十条第一項の改正規
定（「第四十三条第一項」の下に「、第四十三条の二第一項」を
加える部分に限る。）、同法第十条の二第二項ただし書及び第三項
の改正規定、同法第十五条第一項の改正規定、同法第六十条の十
の改正規定、同法第六十八条第一項の改正規定並びに同法別表の
改正規定並びに次条第二項から第五項までの規定　公布の日から
起算して二年を超えない範囲内において政令で定める日

今改正法における意匠制度の改正は、公布の日から起算して1年を超え
ない範囲内において政令で定める日（令和元年政令第145号により令和2
年4月1日に決定）から施行することとした（改正法附則第1条本文）。
ただし、意匠登録出願手続の簡素化及び手続救済規定の整備に係る改正に
ついては、公布の日から起算して2年を超えない範囲内において政令で定
める日に施行することとした（同条第4号）。

２．意匠法の一部改正に伴う経過措置

◆附則第２条

（意匠法の一部改正に伴う経過措置）

第二条　第三条の規定（前条第三号及び第四号に掲げる改正規定を除く。）による改正後の意匠法第二条第一項、第三条第二項、第五条第二号及び第三号、第六条第一項第三号、第三項、第四項及び第七項、第八条、第八条の二、第十条、第十七条第一号、第二十一条、第四十二条第一項第二号、第四十八条第一項第一号、第六十条の六第三項、第六十条の八並びに第六十条の二十一第二項の規定は、この法律の施行の日（以下この項及び次条において「施行日」という。）以後にする意匠登録出願について適用し、施行日前にした意匠登録出願については、なお従前の例による。

２　第三条の規定（前条第四号に掲げる改正規定に限る。以下この項において同じ。）による改正後の意匠法（以下この条において「新意匠法」という。）第十五条第一項及び第六十条の十第二項において準用する特許法第四十三条第六項の規定は、同号に掲げる規定の施行の日（以下この条において「第四号施行日」という。）前に第三条の規定による改正前の意匠法（次項及び第五項において「旧意匠法」という。）第十五条第一項及び第六十条の十第二項において読み替えて準用する特許法第四十三条第二項に規定する期間を経過している意匠登録出願については、適用しない。

３　新意匠法第十五条第一項及び第六十条の十第二項において準用する特許法第四十三条第八項及び第九項の規定は、第四号施行日以後に新意匠法第十五条第一項及び第六十条の十第二項において準用する特許法第四十三条第七項に規定する期間を経過する意匠登録出願

について適用し、第四号施行日前に旧意匠法第十五条第一項及び第六十条の十第二項において読み替えて準用する特許法第四十三条第二項に規定する期間を経過している意匠登録出願については、なお従前の例による。

4　新意匠法第十五条第一項において準用する特許法第四十三条の二（同項において準用する同法第四十三条の三第三項において準用する場合を含む。）の規定は、第四号施行日前にした意匠登録出願に伴う優先権の主張については、適用しない。

5　新意匠法第六十八条第一項において準用する特許法第五条第三項の規定は、第四号施行日前に旧意匠法の規定により特許庁長官、審判長又は審査官が指定した手続をすべき期間を経過している手続については、適用しない。

　本条は、改正法の施行後における意匠法及び改正前の意匠法の適用範囲を規定したものである。

　第1項は、意匠の定義の見直し、創作非容易性水準の明確化、組物の意匠の拡充、内装の意匠の保護、関連意匠制度の拡充、意匠権の存続期間の変更に係る改正について、改正法の施行前にした意匠登録出願については従前の例によることを定めている。これは、法適用の公平性、第三者への影響等の観点から、改正法施行日以後にした出願から改正法を適用することとしたものである。なお、明文では規定していないものの、改正後の第7条（出願手続の簡素化）は当然、改正法附則第1条第4号に定める施行日以後にした出願から適用されることとなる。

　第2項から第5項までは、手続をすべき期間及び優先権の主張を伴うことができる出願をすべき期間を徒過した場合における救済規定について、改正法の施行前後におけるこれらの規定の適用関係を明確にするため、経過措置を設けたものである。具体的には、第2項、第3項及び第5項については改正法の施行前に手続をすべき期間が経過した場合について、第4

項については改正法の施行前にした意匠登録出願に伴う優先権の主張について、改正法の規定を適用せず、改正前の制度が適用されることとした。

第三部　商標法の改正項目

第1章　通常使用権の許諾制限の撤廃

1．改正の必要性

(1)　従来の制度
①　商標法第4条第1項第6号及び同条第2項の趣旨

　商標法第4条第1項第6号は、「国若しくは地方公共団体若しくはこれらの機関、公益に関する団体であつて営利を目的としないもの又は公益に関する事業であつて営利を目的としないものを表示する標章であつて著名なものと同一又は類似の商標」については、商標登録を受けることができないと規定している。これは、国や大学等といった公益団体等の著名な標章を本人以外の一私人に独占させることは、その権威を尊重することや国際信義の上から好ましくないという理由から設けられたものである。他方、同号に該当する商標（以下「公益著名商標」という。）であっても、公益団体等自身が出願するときは、上記理由が妥当しないことから、商標登録を受けることができる（同条第2項）。

②　商標法第31条第1項ただし書の趣旨

　上記と同様に、公益団体等の権威を尊重する等の観点から、商標法第31条第1項ただし書により、同法第4条第2項に規定する公益著名商標の出願に係る商標権については、これを商標権者以外の者が使用するための権利の一つである通常使用権の許諾が禁じられている。

(2)　改正の必要性

　近年、特に地方公共団体や大学等において、自らの公益著名商標についてライセンスを行った上で第三者に製品の製造やサービスの提供等を行わ

せることにより、知名度の向上、地元産品の販売促進、産学連携から生じた研究成果の活用等を行いたいとのニーズがある。

(3) 改正の方向性

　以上の現状を踏まえて、通常使用権の許諾制限の撤廃について、産業構造審議会知的財産分科会商標制度小委員会において検討した結果、下記理由から、許諾制限を撤廃しても立法趣旨との関係で齟齬は生じず、むしろ登録商標の活用の幅が広がり有益であるとの結論に至った。

① 　公益著名商標の商標権者自身が第三者への通常使用権の許諾を行うことから、自身の権威を低下させるおそれは僅少であること。
② 　通常使用権の許諾であれば、商標権者自身の使用も制限されないこと。
③ 　通常使用権者により公益著名商標が適切に使用されない場合、不正使用取消審判（商標法第53条第1項）により商標登録が取り消されることから、需要者保護という観点からも支障が生じるおそれが少ないこと。

２．改正の概要

　上記の実情を踏まえ、商標法第31条第1項ただし書を削除し、公益著名商標に係る通常使用権の許諾制限を撤廃することとした。

３．改正条文の解説

◆商標法第31条

（通常使用権）
第三十一条　商標権者は、その商標権について他人に通常使用権を許

諾することができる。

2〜6　（略）

　従前は、公益著名商標については、本人の使用を前提としているため、他人に通常使用権の許諾をしても商標法上の効力は発生しなかった。今回の改正により、公益団体等は、公益著名商標に係る商標権について、他人に通常使用権を許諾することができることとした。

第2章　国際商標登録出願に係る手続補正書の提出期間の見直し

1．改正の必要性

⑴　従来の制度
①　商標登録出願の補正

　商標法第68条の40第1項は、商標登録出願、防護標章登録出願、請求その他商標登録又は防護標章登録に関する手続をした者は、事件が審査、登録異議の申立てについての審理、審判又は再審に係属している場合に限り、その補正をすることができる旨規定している。

②　マドリッド協定議定書に基づく国際商標登録出願の補正

　「標章の国際登録に関するマドリッド協定の千九百八十九年六月二十七日にマドリッドで採択された議定書」（以下「議定書」という。）は、WIPOの国際事務局に対する国際出願手続を定めており、WIPO国際事務局の国際登録簿に国際登録を受けることによって、指定締約国に直接出願されていた場合と同一の保護を与えられる旨を規定している。

　商標法第68条の9第1項の規定により、同法第7章の2第2節の規定により行われる国際商標登録出願（議定書の規定に基づき行われる、日本国に対する商標登録出願）については、議定書第3条（4）に規定する国際登録の日にされた商標登録出願とみなされ（同法第68条の9第1項）、基本的には国内出願と同様に商標法の規定が適用されることとなる。

　また、国際商標登録出願と国内出願とで異なる取り扱いをする事項については、特例が設けられており、手続の補正に関しては同法第68条の28が特例を定めている。

　国際商標登録出願における指定商品又は指定役務の補正については、以

166

下の２通りの方法がある。

（ⅰ）　議定書第９条の２(ⅲ)に基づき、WIPO国際事務局の国際登録簿の指定商品又は指定役務を直接減縮することで、手続補正書を特許庁に提出したのと同様の効果を得る方法。

（ⅱ）　商標法第68条の28第１項に基づき、同法第15条の２又は第15条の３の規定により指定された期間（拒絶理由通知後の意見書を提出するための相当の期間、具体的には方式審査便覧において拒絶理由通知の発送日から３か月と定められている。）内に限り、手続補正書を特許庁に提出する方法。

　上記(ⅱ)の方法においては、「指定された期間内に限り」補正をすることができると規定し、補正の時期的制限を設けている。これは、議定書加盟時の検討の中で、出願人は、上記(ⅰ)の方法で、WIPO国際事務局に直接申請することにより、国際登録簿の指定商品又は指定役務を減縮することができることから、補正の時期にこのような制限を設けても特段の不利益を受けることにはならず、むしろ審査の効率化に資すると考えられたためである。

(2)　改正の必要性

　商標登録出願件数は、直近の５年間（平成25年〜平成29年）で約11.8万件から約19.1万件へと大幅に増加し、国際商標登録出願件数についても同じく増加傾向にある（平成25年：約1.4万件→平成29年：約1.7万件）ことから、一層の審査の迅速化が必要となっている。

　他方、近年、(ⅰ)の方法による補正を行う場合のWIPO国際事務局における処理の遅滞により、日本国内での権利化に時間がかかるという問題が生じている。

　また、近年、早期の権利化を図るとともに、より適切に拒絶理由に対応

するため、(ii)の方法によって、日本の実務に精通した日本国内における代理人を立てて補正を行う事例も見受けられるが、日本への国内代理人の指定や補正の内容の検討に時間を要し、指定期間内に手続補正書を提出できない事例が発生している。早期の権利化を望む出願人の中には、(ii)の方法を選択したいが、補正期間の制限により、(i)の方法を選択せざるを得ない者も存在している。

　上記事情に鑑みれば、特許庁における審査の迅速化を図り、かつ、出願人の利便性を向上させるためには、国際商標登録出願制度について、(ii)の制度を改善する必要が生じている。

２．改正の概要

　手続補正書の提出期間を見直すことによって、特許庁における審査の迅速化を図り、かつ、出願人の利便性を向上させるべく、国際商標登録出願制度について、拒絶理由の通知を受けた後、事件が審査、審判又は再審に係属している場合に限り、指定商品又は指定役務について補正をすることができることとした。

[現行法と改正法の比較]

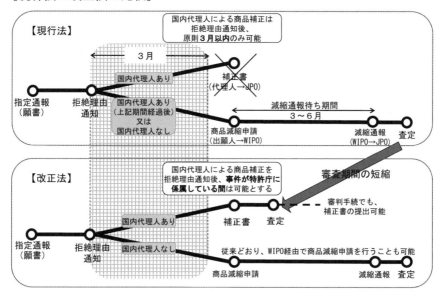

3．改正条文の解説

◆商標法第68条の28

（手続の補正の特例）

第六十八条の二十八　国際商標登録出願については、第十五条の二（第五十五条の二第一項（第六十条の二第二項において準用する場合を含む。）において準用する場合を含む。）又は第十五条の三（第五十五条の二第一項（第六十条の二第二項において準用する場合を含む。）において準用する場合を含む。）の規定による通知を受けた後は、事件が審査、審判又は再審に係属している場合に限り、願書に記載した指定商品又は指定役務について補正をすることができる。

2　（略）

第1項の「により指定された期間内」という文言を、「による通知を受けた後は、事件が審査、審判又は再審に係属している場合」に改め、国際商標登録出願については、拒絶理由の通知を受けた後、事件が審査、審判又は再審に係属している場合に限り、指定商品又は指定役務について補正をすることができることとした。

第3章　附則

1．施行期日

◆附則第1条（施行期日）

（施行期日）

第一条　この法律は、公布の日から起算して一年を超えない範囲内において政令で定める日から施行する。ただし、次の各号に掲げる規定は、当該各号に定める日から施行する。

一　（略）

二　第四条中商標法第三十一条第一項ただし書の改正規定　公布の日から起算して十日を経過した日

三　第一条中特許法第六十五条第六項の改正規定、同法第百五条第四項の改正規定、同法第百五条の二を同法第百五条の二の十一とし、同法第百五条の次に十条を加える改正規定、同法第百五条の四第一項第一号の改正規定、同法第百六十九条第六項の改正規定、同法第二百条の見出しを削り、同条の前に見出しを付する改正規定及び同法第二百条の二を同法第二百条の三とし、同法第二百条の次に一条を加える改正規定、第二条中実用新案法第三十条の改正規定、第三条中意匠法第四十一条の改正規定及び同法第六十条の十二第二項の改正規定並びに第四条中商標法第十三条の二第五項の改正規定及び同法第三十九条の改正規定並びに附則第五条の規定　公布の日から起算して一年六月を超えない範囲内において政令で定める日

四　（略）

今改正法における商標制度の改正は、改正法の公布の日から１年を超えない範囲において政令で定める日（令和元年政令第145号により令和２年４月１日に決定）から施行する（附則第１条本文）。ただし、通常使用権の許諾制限の撤廃については、公布の日から起算して10日を経過した日から施行することとし（同条第１項第２号）、令和元年５月27日に施行された。

２．経過措置

◆附則第３条（商標法の一部改正に伴う経過措置）

> **（商標法の一部改正に伴う経過措置）**
> 第三条　第四条の規定（附則第一条第二号及び第三号に掲げる改正規定を除く。）による改正後の商標法第六十八条の二十八第一項の規定は、施行日以後にする標章の国際登録に関するマドリッド協定の千九百八十九年六月二十七日にマドリッドで採択された議定書第三条の三に規定する領域指定であって日本国を指定するもの（以下この条において「日本国を指定する領域指定」という。）について適用し、施行日前にした日本国を指定する領域指定については、なお従前の例による。

　国際商標登録出願に係る手続補正書の提出期間を見直すに当たり、国際商標登録出願の審査の途中で適用される法が変更されることによる混乱を防ぎ、法的安定性を図るため、商標法第68条の28第１項の改正規定は、改正法の施行日以後にする国際商標登録出願から適用することとし、施行日前にした国際商標登録出願については、なお従前の例によることとした。

条　文　索　引

制度改正担当者
※所属はいずれも当時のもの。特段の表記がなければ制度審議室所属。

【制度改正全体】

川上　敏寛　室長

佐伯　昌彦　審議企画・法令企画班長

堀内奈緒子

吾妻　駿一

【特許法】

段　　吉享

二瓶　崇司

川瀬　正巳

三好　貴大

水野　礼之

【意匠法】

古賀　稔章

久保田大輔　（意匠制度企画室）

清野　貴雄　（同上）

井上　和之　（同上）

喜々津徳胤　（同上）

下村　圭子　（意匠審査基準室）

大峰　勝士　（同上）

【商標法】

北口　雄基

冨澤　武志　（商標制度企画室）

根岸　克弘（同上）

林田　悠子（同上）

目黒　　潤（同上）

中村　　聖（同上）

カバーデザイン　サンクデザインオフィス

令和元年特許法等の一部改正
産業財産権法の解説

2020年（令和2年）4月30日　初版発行

編　集
©2020　特 許 庁 総 務 部 総 務 課
　　　　制　度　審　議　室

発　行　一般社団法人発明推進協会
発行所　一般社団法人発明推進協会
　　　　所在地　〒105-0001
　　　　　　　　東京都港区虎ノ門3-1-1
　　　　電　話　東京　03(3502)5433（編集）
　　　　　　　　東京　03(3502)5491（販売）
　　　　ＦＡＸ　東京　03(5512)7567（販売）

乱丁・落丁本はお取替えいたします。
ISBN978-4-8271-1326-6　C3032

印刷：株式会社丸井工文社
Printed in Japan

発明推進協会ホームページ：http://www.jiii.or.jp/